D1699498

Reinhold Rückle / Heiko Krimmer

Nethanja –
Gott hat gegeben

Jesu Wirken heute in Indien

Verlag der
Liebenzeller Mission
Lahr

Die Deutsche Bibliothek – CIP-Einheitsaufnahme

Rückle, Reinhold:
Nethanja : Gott hat gegeben ; Jesu Wirken heute in Indien / Reinhold
Rückle ; Heiko Krimmer. – Lahr : Verl. der Liebenzeller Mission, 1993
  (TELOS-Bücher ; 7643 : TELOS-Taschenbuch)
  ISBN 3-88002-524-X
NE: Krimmer, Heiko:; GT

ISBN 3-88002-524-X

© Copyright 1993 by Edition VLM
im Verlag der St.-Johannis-Druckerei, Lahr
Umschlaggestaltung: Grafisches Atelier Arnold, Dettingen/Erms
Umschlagfotos: Heiko Krimmer, Reinhold Rückle
Herstellung: St.-Johannis-Druckerei C. Schweickhardt, 77922 Lahr
Printed in Germany   11334/1993

Inhalt

Für Karl und Irmgard Ramsayer
mit staunendem Dank gegen Gott
wie er beide für Indien gebraucht hat

Sein Name heißt »Segen«

Asirvadam, sein Name heißt »Segen«. Wir begegnen ihm am Rande der Stadt Vishakapatnam. Es ist schon Nacht. Die flackernde Petroleumlampe erhellt die dunklen Gesichter. Ein Zyklon ist über das Land gezogen. Riesige Wolkentürme stürmen über den Himmel. Der Sturm tost. Es tröpfelt immer wieder.

Asirvadam ist aussätzig, besser, er war aussätzig. Seine Hände und Füße, auch das Gesicht zeigen deutliche Spuren dieser tückischen Krankheit. Die Menschen, die uns hier umdrängen, tragen die Spuren von Lepra. Wir sind in einer Leprakolonie am Rande Vizags. Von der Gesellschaft verstoßen hatten sich hier etwa 80 Familien primitive Hütten gebaut. Sie vegetierten unter unhaltbaren Umständen dahin. Unsere Evangelisten fanden zu ihnen Kontakt. Asirvadam war ihr Sprecher. Und diese völligen Außenseiter hörten das Evangelium. Im Slum der Aussätzigen entstand eine christliche Gemeinde. Asirvadam wurde auch ihr geistlicher Leiter.

Unser Missionszentrum Paradesipalem liegt etwa 15 Kilometer entfernt. Singh und einige Evangelisten betreuten die Lepra-Gemeinde weiter. Wir halfen auch materiell. Der Staat verkündete vor den Wahlen ein Hilfsprogramm: Er wollte ein Darlehen geben, damit die Aussätzigen sich bessere Häuser bauen könnten, ihre Ansiedlung legalisieren, Strom zur Verfügung stellen. Allerdings: Jede Familie, die solch ein Darlehen wollte, mußte ein Eigenkapital von 7000 Rupien nachweisen. Ein grausamer Witz. Wie sollten diese bettelarmen Leute zu 7000 Rupien kommen? Obwohl, nach unserem

Geld sind das ca. 350 DM – für uns eine geringe Summe. Aber bei einem durchschnittlichen Tagesverdienst von 25 Rupien für einen indischen Kuli ist das ein utopischer Betrag. Wir gaben den Familien – auch den nichtchristlichen – dieses Kapital, und der Staat mußte zu seinem Wort stehen. Zuerst weigerten sich die Beamten. Da zogen die Lepra-Leute vor das Rathaus, drohten es zu besetzen. Wir unterstützten sie bei dieser Aktion. Die vor Angst schlotternden Beamten gaben tatsächlich schriftlich die Zusicherung zum Bau. Noch viele Schwierigkeiten waren zu überwinden, doch das ganze Projekt wurde tatsächlich durchgezogen.

Jetzt stehen wir vor den fast fertigen Häusern. Holz für Fenster und Türen fehlt noch bei einigen. Das Geld ist ausgegangen. Wir helfen weiter. Viele Christen meiner Gemeinde Dettingen/Teck haben mir Geld mitgegeben. »Geben Sie es Menschen, die wirklich in Not sind.« Hier sind diese Mittel ausgezeichnet angelegt.

Wir feiern einen Gottesdienst. Noch unter freiem Himmel, inmitten der neuen Häuser, aber schon auf dem Platz, wo die Kirche gebaut wird. So will es die Lepra-Gemeinde. Sie haben den Platz zur Verfügung gestellt, ihre Häuser deswegen ein wenig kleiner gebaut. Der Kirchbau mitten in der Aussätzigen-Siedlung soll ein klares Bekenntnis und Zeugnis sein. Wir haben dazu auch schon fast die Mittel beisammen. Karl Ramsayer, der Gründer unserer Indienmission, hatte damals seinen 70. Geburtstag 1970 gefeiert. Er bat darum, auf Geburtstagsgeschenke zu verzichten und für den Kirchbau dort in der Lepra-Gemeinde zu spenden. Dabei kam ein ordentlicher Betrag zusammen. Die Fundamente für die Kirche sind schon fertig.

Asirvadam, dieser Name heißt »Segen«. Reinhold und

ich fragten ihn nach seiner Lebensgeschichte, Singh dolmetschte. Asirvadam kommt aus einer armen Familie. Schon früh mußte er als Kuli mithelfen, die vielen Münder notdürftig satt zu machen. An Schulbesuch war nicht zu denken. Und dann der tiefe Schock: Er entdeckte an sich – er war noch nicht 14 – die typischen weißen Flecken, Vorboten, ja sichere Anzeichen der Lepra. Wie oft hatte er die verkrüppelten Gestalten der Aussätzigen gesehen, sich schnell abgewandt. Und nun er selbst. Er lebte in panischer Angst. Jahrelang konnte er die Flecken verbergen. »Warum ziehst du dein Hemd nicht aus, ich wasch es gleich mit«, fragte die Mutter. »Es ist doch noch sauber.« – »Warum badest du nicht mit uns im Fluß?« drängten seine Kameraden. »Ich will heute nicht«, und er lief weg; wurde immer mehr zum Außenseiter. Schließlich ließ sich die Krankheit nicht mehr verbergen. Er wurde ausgestoßen. Kaum zwanzig, war sein Leben zu Ende. Als Bettler mit einigen Leidensgenossen fristete er sein Leben. Er dachte an Selbstmord. Manchmal, wenn der Hunger zu groß war, nahmen sie sich die Lebensmittel mit Gewalt. Welcher Ladeninhaber wagt sich zu wehren, wenn eine Gruppe Aussätziger seinen Laden stürmt? Aber die Polizei jagte sie. Einige wurden brutal umgebracht.

Da sprach ihn ein Mann auf der Straße an. »Du, dir kann geholfen werden.« Asirvadam hielt das zuerst für einen grausamen Scherz. Er wurde wütend und böse. Doch der Mann ließ nicht locker. Er war Christ, ein Evangelist.

»Im Missionskrankenhaus der Stadt Narsapur haben sie ein neues Hilfsprogramm für Aussätzige.« Asirvadam konnte an keine Hilfe mehr glauben. Er war hart und böse geworden. Doch schließlich ließ er sich überzeugen.

Und tatsächlich: »Eine Behandlung ist bei Ihnen noch möglich«, wie durch einen Nebel hörte Asirvadam die Diagnose des Arztes. Er faßte Hoffnung, begann wieder zu leben.

Die Behandlung von über drei Jahren hatte Erfolg. Die Krankheit wurde gestoppt, ja sogar geheilt. Zwar konnten die äußeren Verstümmelungen nicht rückgängig gemacht werden; aber er galt als gesund. Asirvadam wurde ein bewußter Christ. Er fand sogar eine Frau, die ihn heiratete und sie haben zwei gesunde Kinder.

Asirvadam bleibt ein Außenseiter. Die Zeichen der früheren Krankheit sind unübersehbar. Wer liest schon sein Gesundheitszertifikat, auf dem groß »geheilt« steht? Die Menschen machen einen Bogen um ihn. So blieb er bei seinen Leidensgenossen und wurde ihr Führer. Auch für viele ein Führer zu Jesus Christus. Er verdient seinen Lebensunterhalt als Altpapiersammler. Mit dem Sack auf dem Rücken geht er durch die Straßen der Stadt und sammelt auch das kleinste Stückchen Papier auf. Für einen vollen Sack bezahlt ihm der Händler neun Rupien. Mehr als zwei sind es kaum pro Tag.

Asirvadam ist ein fröhlicher Mensch und ein Zeuge Jesu Christi unter den Leprakranken in Vizag geworden. Wir unterstützen ihn und seine Familie weiterhin. Er ist unser Hilfspastor in der Lepra-Gemeinde. Für die indische Gesellschaft wird er immer ein Ausgestoßener bleiben; doch Asirvadam ist Glied an einer besseren »Gesellschaft«, am Leib Christi geworden. Er gehört dazu und sein Name heißt »Segen«, er ist ein Segen für viele.

Simon

Vierzig Jahre alt ist Simon jetzt, aber noch nie hat er die weißen Ibisse gesehen. Simon kennt nicht das zarte Hellgrün des frisch gepflanzten Reisfeldes und nicht das satte Dunkelgrün der Palmen. Noch nie hat er den strahlend blauen Himmel gesehen, noch nie das dunkle Grau der tiefhängenden Monsunwolken, noch nie die Frauen in ihren leuchtend bunten Saris, die auch noch dem armseligsten Markt Indiens Glanz und Schönheit verleihen. Simon ist blind.

Ein Behinderter hat es nirgendwo leicht, aber in einem Land wie Indien hat er es doppelt schwer. Die staatliche Unterstützung macht gerade 25 Rupien im Monat aus, das sind 1,50 DM, soviel wie ein Kuli, ein Landarbeiter, an einem Tag verdient – aber nicht einmal diese geringe Hilfe kommt regelmäßig. Simons Eltern sind schon vor einiger Zeit gestorben, er hat nur noch einen verheirateten Bruder.

Als er noch klein war, haben seine Eltern ihn manchmal zum Gottesdienst im Tempel und zu den hinduistischen Festen mitgenommen. Und eines hat sich ihm besonders tief eingeprägt: Die fahrenden Sänger, die hin und wieder ins Dorf kamen, um die uralten Göttergeschichten in ihren Liedern vorzutragen. Das ging stundenlang, bis tief in die Nacht hinein, und Simon war davon gebannt: Sein Geist war ja hellwach, er konnte sich das in seinem Inneren alles genau ausmalen: Wie der schreckliche Shiva seine zerstörerische Kraft entfaltete, wie der fröhliche Krishna auf seiner Flöte blies. Am liebsten hörte er die Lieder aus dem Ramayana, von den

Gefahren, die Rama und seine Gefährtin Sita zu bestehen hatten. Wenn die Sänger kamen, dann war Simon nicht mehr blind, dann »sah« er das alles ganz deutlich vor sich. Und bald schon konnte er viele der Texte und auch die eigenartig gleichförmigen Melodien auswendig. Auch noch wenn die Sänger schon lang weitergezogen waren, klangen sie in ihm nach. Er summte die Melodien vor sich hin und träumte von Kali und Vishnu, von Brahman und Ganesh, von den Göttern.

Doch diesen Traum träumt Simon schon seit acht Jahren nicht mehr. Damals, vor acht Jahren, ist einer in sein Dorf gekommen, dessen Stimme er noch nie gehört hatte. Simon hört zu, er hat ja Zeit, immer hat er Zeit, viel zuviel Zeit. Doch diese Stimme gefällt ihm nicht, sie knarrt und hat einen harten Akzent. Fast unangenehm klingt sie in Simons Ohren, die sehr genau wahrnehmen können. Aus der Stimme macht er sich sein Bild. Nein, diese Stimme gefällt ihm nicht, der Mann, dem sie gehört, gefällt ihm nicht, aber was er sagt, das packt ihn. Er erzählt von Gott. Er erzählt nicht von den prächtigen Festen und großen Schlachten der Götter, sondern von einem Gott, der Mensch wurde. Von Jesus, der Blinde geheilt hat. Von Petrus, der mit ihm gegangen ist. Von Jesu Tod am Kreuz und von der Auferstehung. Er erzählt von dem lebendigen Gott. Von so einem Gott hat Simon noch nie gehört, das ist für ihn ganz neu.

»Was ist das für ein Mann?« fragt er seinen Nachbarn. »Das war Williams«, bekommt er zur Antwort, »der kommt von den Christen, die in Kondalaagraharam drüben das Krankenhaus haben.« Vom Krankenhaus hatte Simon schon gehört. Jemand in seinem Dorf hatte schlimmes Fieber und wurde immer schwächer. Auch das Amulett des Medizinmannes half nichts. Im Krankenhaus jedoch wurde er wieder gesund. Ob dieser Williams mal wiederkommt, fragt sich Simon. Er möchte noch mehr von seinen Geschichten hören, noch mehr von seinem Gott.

Williams ist wiedergekommen. Woche für Woche, mal allein, mal mit anderen zusammen, um das Evangelium von Jesus Christus in eben dieses Dorf zu bringen. Eine kleine Gemeinde hat sich gesammelt, und eines Tages war Simon auch dabei. Er wollte nicht nur von diesem Gott, der Mensch geworden ist, hören. Er wollte zu ihm gehören, an ihn glauben. Simon hat sich mit einigen anderen taufen lassen. Die Taufe war im Teich gleich neben dem Tempel, und das ganze Dorf war damals auf den Beinen, denn mit Williams waren diesmal noch viele andere Christen gekommen, sogar Weiße waren dabei, die nicht einmal Telugu konnten. Ihre Sprache klang in Simons Ohren sehr seltsam.

Damals, bei seiner Taufe, hat er auch einen neuen Namen bekommen und heißt jetzt Simon. Er hat sich diesen Namen gewünscht, denn wie Simon Petrus wollte auch er von Jesus weitersagen, er wollte ein Menschenfischer werden.

»Du ein Menschenfischer? Du bist doch blind. Du brauchst doch selbst jemand, der dich führt, wie willst du Menschen zu Jesus führen?« Auch in seiner eigenen Gemeinde waren die Leute sehr skeptisch. Doch Simon wußte, was er wollte. »Ihr sollt meine Zeugen sein«, das hatte Williams doch immer wieder gesagt; er hatte nicht gesagt: »Ihr alle, mit Ausnahme vom blinden Simon!«

Und überhaupt! So hilflos ist ein Blinder dann auch wieder nicht! In seinem Dorf kommt Simon ganz ohne fremde Hilfe zurecht. Er findet sogar den Weg bis zur

Bushaltestelle an der Hauptstraße, und beim Busfahren genügt es ja wohl, wenn der Fahrer die Augen offen hat. So macht sich Simon immer wieder auf den Weg: Tastet sich vorsichtig den Karrenweg hinunter bis zur Straße, steigt in den Bus, der für ihn nichts kostet, und wenn er aussteigt, finden sich immer ein paar Kinder, die ihn in dieses oder jenes Dorf führen, das er besuchen will.

Meist richtet er es so ein, daß er abends ankommt. Abends sind die Leute da und haben Zeit. Was sollen sie auch tun? Elektrischen Strom gibt es nicht, das fahrbare Kino kommt nur selten hierher und ein Auto zum Wegfahren hat nicht einmal der Dorfpolizist.

Simon geht zum Brunnen, wo die Frauen um diese Zeit noch einmal Wasser holen. Und sie holen nicht nur Wasser, sie atmen auf von der harten Arbeit dieses Tages und erzählen einander dies und jenes:

»Oh, heut tut mir mein Rücken wieder weh«, hört er einige der Frauen sagen. »Ich war den ganzen Weg draußen, um auf Herrn Prakaschs Feld Reis zu pflanzen. Er zahlt zwar miserabel, aber wir brauchen jede Rupie, seit mein Mann dieses schlimme Bein hat. Er kann ja kaum mehr was tun.«

»3000 Rupien und zwei Ziegen«, da ist die Stimme einer anderen, »denkt euch: 3000 und dann noch die zwei Ziegen. Hat man das schon mal gehört, daß jemand hier bei uns so viel Mitgift verlangt hat? Woher sollen wir das Geld denn nehmen? Ich glaube, auch diesmal wird's nichts mit Lakshmis Hochzeit, und dabei haben wir noch zwei Mädchen!«

»Sag mal Vinaj, hast du was von deinem Mann gehört?« – »Nein, seit er nach Bombay gegangen ist, hat er nur einmal geschrieben, und das ist jetzt auch schon zwei Monate her. Er findet einfach keine Arbeit. Ich weiß bald nicht mehr, wie ich meine Kinder durchbringen soll.«

Als die Gespräche abebben, meldet sich Simon zu Wort. »Zu Wort melden« ist eigentlich falsch. Er spricht nicht, er beginnt nur leise eine jener traditionellen Melodien vor sich hin zu summen, summt lauter, beginnt zu singen. Simon hat eine wunderschöne Stimme. Bald wird es ganz still am Brunnen, alle hören ihm zu. Ein dichter Kreis von Kindern drängt sich um ihn, auch einige Männer bleiben stehen, während Simon singt. Auf die alten Melodien singt er neue Lieder: Lieder von dem Gott, der Mensch wurde. Von Menschen, denen Jesus geholfen hat, wie dem Fischer Simon, die er eingeladen hat, ihm nachzufolgen, er singt vom Kreuz und von Ostern.

Kaum einer merkt, daß es schon ganz Nacht geworden ist, sie hören zu. Viele hören durch Simons Lieder zum erstenmal den Namen Jesus; er bringt ihnen diesen Namen. Simon, der blinde Simon, Simon, der Evangelist, der Menschenfischer.

Das Hemd der Hoffnung

Die Landschaft ist traumhaft schön. Reisfelder, Palmen-
gruppen, schroffe Berge, tief eingeschnittene Täler. Die
schmale Straße windet sich in atemberaubenden Steil-
kurven. Reinhold und ich sind mit Jeevan – dem Leiter
unserer medizinischen Arbeit in Indien – unterwegs. Wir
sollen ein Kinderheim eröffnen. Ein ganz besonderes
Heim für Kinder aus Lepra-Familien.

Ein ganz einfaches Haus, weit weg vom Dorf, wurde
gebaut. Die Menschen haben Angst, wenn sie »Lepra«
hören. 25 Kinder finden einen Platz, und ein junges
Ehepaar hat die Leitung übernommen. Sie sind bewußte
Christen, die keine Angst vor Ansteckung haben. Für
uns ist es ein großartiger Empfang. Alles ist mit bunten
Girlanden geschmückt, die Kinder bilden ein Spalier und
haben schon einige christliche Lieder gelernt. Aus voller
Kehle singen sie. Natürlich in Telugu, der Landesspra-
che. Jeevan übersetzt uns den Text. Dann läuft ein
buntes Programm ab, denn indische Kinder sind sehr
begabte Schauspieler. Ich sehe viele Dorfbewohner in
respektvollem Abstand stehen. Das Singen hat sie angelockt, sie rücken immer näher. Das Schauspiel ist doch zu
interessant und wichtig für die Zukunft des Kinderheims.
»Wenn die Weißen keine Angst haben und so nah dabei
sind, können wir auch kommen«, so sagt nachher ein
Dörfler.

Dann die feierliche Eröffnung. Reinhold durchschnei-
det das Band, es gibt riesigen Beifall. Dann beten wir und
bitten Gott um seinen Segen für das Haus und alle
Bewohner. Der Heimleiter stellt uns alle Kinder einzeln

vor; sie sind noch ein wenig schüchtern, doch tauen dann schnell auf. Da steht ein Mädchen, das etwa zehn Jahre alt ist und deren Vater und Mutter leprakrank sind. Jeevan streift den Ärmel des Kleidchens hoch. Wir sehen die weißen Flecken: Lepra. Instinktiv zucke ich zusammen, doch dann schäme ich mich. »Du brauchst keine Angst zu haben, wir behandeln das Mädchen, sie ist nicht ansteckend.« Jeevan sagt mir das auf deutsch, er hat meine Unsicherheit bemerkt. Jetzt sehe ich es selbst. Der Junge, gerade erst fünf Jahre, an den Beinen die Zeichen, noch kaum sichtbar. Zehn von den 25 Kindern tragen die Lepra in sich. Aber – Gott sei Lob und Dank – sie können geheilt werden.

Was haben solche Kinder für eine Lebensperspektive, Kinder aus Leprafamilien? Keine, egal ob sie noch gesund oder schon selbst krank sind: Mit ihren Eltern sind sie Ausgestoßene; auch Verwandte würden sie nicht aufnehmen, niemand ihnen Arbeit geben. Diese 25 Kinder haben unsere Ärzte und Schwestern ausgewählt. Sie alle sind Kinder von Patienten, die in unserem Lepra-Krankenhaus in Kondalaagraharam behandelt werden. Wir müßten allerdings für 150 Kinder unserer Patienten Platz haben; aber dazu reichen unsere Mittel nicht, die 25 sind die bedürftigsten.

Und dann sehe ich eine große Gruppe von Menschen. Sie stehen ziemlich abseits, und Jevan geht mit uns zu ihnen hin. Es sind etwa 100 Leute, fast alle mit den schlimmen Zeichen fortgeschrittener Lepra. Und das Erschütterndste: Diese Väter oder Mütter haben alle ein Kind dabei. Sie haben von unserem Kinderheim gehört und erfahren, daß wir kommen. So sind auch sie voll Hoffnung gekommen, daß ihr Kind auch noch einen Platz findet. Es sind Bilder, die sich mir unauslöschlich einbrennen: Eine Mutter, die nur noch Stummeln als Finger hat. Die Lepra hat schon ihr Gesicht gezeichnet – das »typische Löwengesicht«. Sie hat ihr Mädchen auf dem Arm, das noch keine zwei Jahre alt ist, und streckt es uns entgegen.

Wir reden mit allen, die vor uns stehen. Jeevan übersetzt. Beide sind wir, Reinhold und ich, innerlich zutiefst aufgewühlt. Und dann der Alte: Er kann nur noch mühsam gehen. Die Füße sind fast ganz zerfressen, mit Lumpen umwickelt. Er hat seinen Enkel dabei: »Kann er nicht gleich hierbleiben?« fleht seine Stimme. Er hat noch etwas ganz Besonderes gemacht. Er hat gesehen, daß alle Kinder in unserem Heim eine Schuluniform, wie sie in Indien üblich ist, tragen: Ein weißes Hemd und eine kurze blaue Hose oder blauer Rock. Er muß schon Tage vorher dagewesen sein. Da hat er seinem Enkel ein weißes Hemd gekauft. Zur Hose hat das Geld wohl nicht mehr gereicht. Er trägt um die Hüfte ein blaues Tuch – Lungi genannt. »Wenn er schon das Hemd hat, dann werden sie ihn doch nehmen«, so hat er wohl gedacht. Ich muß die Tränen zurückhalten.

Auf der Rückfahrt ist im Auto langes Schweigen. Ich habe auch keinen Blick mehr für die Landschaft. Wir müssen das Erlebte verarbeiten. »Denkt nicht, daß ich euch unter Druck setzen wollte«, sagte dann Jeevan, »die Leute sind von selbst gekommen; aber ihr seht so auch einmal unsere Situation. Die Not ist so groß, und wir können einfach nicht allen helfen. Das Schwierigste dabei ist die Auswahl.« Ich verstehe das sehr gut. Wer wollte solche Entscheidungen schon treffen? Und das fast täglich.

Doch dann sage ich einen Gedanken, nicht als Beruhigung, sondern als biblische Wegleitung: Ich denke oft über den Bericht der Heilung des Kranken am Teich Betesda nach (Joh 5). Der Ort dort war wie ein großes Krankenhaus für chronisch Kranke. Jesus kommt dorthin und heilt *einen* Mann. Er leert nicht das ganze Krankenhaus, er setzt *ein* Zeichen mit dieser Heilung für die neue Welt. Erst dort wird es kein Leid, keinen Schmerz und keine Krankheit mehr geben. Diese Spannung müssen wir aushalten, auch wenn wir 500 Kinder aus Leprafamilien aufnehmen, gibt es immer noch Zehntausende in Indien, die keinen Heimplatz finden. Wir haben als Christen einen *zeichensetzenden* diakonischen Auftrag und einen *flächendeckenden* missionarischen Auftrag.

So weh das tut und so belastend das für jeden von uns ist: Wir können die Not nicht abschaffen, wohl aber mutig Zeichen gegen die Not setzen. Von diesen 25 Kindern und von diesem neuen Kinderheim kann das Zeichen der Botschaft, der Zuwendung Gottes zu den Kranken, ausgehen und viele erreichen, für die hier im Moment kein Platz ist.

Eine Bitte habe ich noch ausgesprochen: Der Junge mit dem »Hemd der Hoffnung«, ihn soll Jeevan noch in das Kinderheim aufnehmen. Er hat es dann später ohne großes Aufsehen getan.

Was können sie mir tun?

So habe ich den Fluß Siler noch nie gesehen: Ein richtig breiter Strom. Kein Flüßchen, wie sonst. »Es ist ja gerade erst die Monsunzeit vorbei«, erklärt mir Singh, »bis in sechs Wochen hat es wieder wenig Wasser.« Wir sind unterwegs nach Goraluru, einem abgelegenen Dschungeldorf in Orissa. Dazu müssen wir über den Fluß Siler. Er ist die natürliche Grenze zwischen den indischen Bundesstaaten Andhra Pradesh, in dem unsere Evangelisten vorwiegend arbeiten, und Orissa, wo wir auch einige Gemeinden haben. Bis Wangampadu – auch ein Dschungeldorf – sind wir mit dem Jeep gekommen. Jetzt steigen wir in das altersschwache Boot. Eine Gruppe von Evangelisten begleitet uns.

Singh ist einmal in Goraluru gewesen, und der Dorfhäuptling hat ihn eingeladen, wiederzukommen. Gepredigt hat in Goraluru noch niemand. Jesus ist dort unbekannt. Wir werden dort die ersten Weißen sein und auch zum erstenmal von Jesus reden. Am anderen Ufer des Siler geht es zu Fuß durch den dichten Dschungel. Die Evangelisten lachen und scherzen, helfen Reinhold und mir an den schwierigen Stellen. »Bei diesem Lärm wird jeder Tiger von weitem fliehen«, denke ich beruhigt. Die Nacht bricht herein. Schnell, fast übergangslos. Nach etwa 1½ Stunden haben wir das Dorf erreicht. Ein riesiger, lärmender Empfang. Eine Musikgruppe mit interessanten einheimischen Instrumenten gibt an Lautstärke ihr Bestes. Die Trommeln geben einen mitreißenden Rhythmus vor. Tänzer aus dem Dorf begrüßen uns in farbenprächtigem Aufputz. Feuer erhellen die Szene.

Ein Evangelist bringt eine Gaslampe zum hellen Erglühen. Nun sehe ich die Gesichter der Dorfbewohner genauer. Sie umdrängen uns dicht an dicht, staunen uns an. »Ob die Farbe wohl echt ist?« Inder möchten gern hellhäutig sein. Eine Frau zupft mir verstohlen einige Haare aus. So weiße hat sie noch nie gesehen.

Der Häuptling begrüßt uns. Der frische Saft einer Kokosnuß tut wirklich gut. Und dann reden wir von Jesus, bezeugen sein Evangelium. Die Menschen hören aufmerksam zu. Eigentlich wollten wir hier übernachten, doch Singh drängt plötzlich zum Aufbruch. Zurück durch den nächtlichen Dschungel. Fast in Eile dieser Rückweg, auch kein Lachen und Scherzen mehr, und keiner spricht. Selbst die Taschenlampen bleiben aus, nur der Mond beleuchtet spärlich die Szene. »Irgend etwas muß los sein«, denke ich, frage aber nicht. Ich will Singh nicht in einen Konflikt bringen: Ein Inder mag etwas Unangenehmes nicht sagen. Wir sind endlich am Fluß. Noch eine Viertelstunde durch den Sumpf, dann wären wir am Boot. Doch ich kann nicht mehr, bin völlig ausgepumpt. Ich mache den Vorschlag: »Laßt mich hier sitzen und ausruhen. Geht ihr zum Boot und holt mich hier ab.« Eine kurze Beratung, dann geht eine Gruppe eilig los, um das Boot zu holen. Singh, Sundar Singh, Pastor Raju und Reinhold warten mit mir.

Eine halbe Stunde ist vorbei, und die drei Inder werden immer unruhiger. »Wo bleibt nur das Boot. Sie müßten doch längst da sein?« fragte ich. Sundar Singh, der Geschäftsführer unserer Missionsarbeit sagt: »Wir sind in Gefahr.« – »Warum?« frage ich. »Die Terroristen, die Naxalites, haben im Dorf nach uns gefragt, sie haben etwas vor. Der Dorfhäuptling hat uns gewarnt.« Deshalb also der überstürzte Rückweg. Wenn ein Inder so direkt redet, dann ist wirklich Gefahr. Reinhold und ich sehen uns an. »Laß uns durch den Sumpf gehen«, schlage ich Singh vor, »das ist immer noch besser, als hier warten.« Wir stapfen los.

In mir kriecht Furcht hoch, schnürt mir die Kehle zu. Es ist wie ein Ring um meine Brust. »Wahrscheinlich haben die Terroristen das Boot schon entdeckt, und wir sitzen in der Falle«, denke ich. Ich habe noch nie eine solche Angst gespürt. Ich bete stammelnd, wortlos. Da kommt mir ein Gedanke: »Was können mir die Terroristen eigentlich tun? Uns als Geiseln nehmen, um ihre gefangenen Mitkämpfer bei der Regierung freizupressen? Und wenn es zum Schlimmsten käme? Wenn sie mich umbrächten? Dann wäre ich heute Nacht noch bei Jesus!« Es ist wie eine ganze große Befreiung: »Ich wäre bei Jesus.« Ist dieser Gedanke zu kindlich? Nein! Das ist doch die Zusage: Für uns Christen ist Sterben Gewinn. Das ist mein Angstlöser, ich kann wieder atmen. Etwas komisch denke ich: »Es wäre doch ein wenig schade, denn meine Frau will ja noch nach Indien nachkommen. Und wir haben uns so auf die gemeinsame Zeit hier gefreut.«

Aber die schlimme Angst ist vorbei. »Was könnten sie mir tun? Im tiefsten nichts, denn ich habe alle Hoffnung durch Jesus Christus.« Da – das Boot kommt um die Flußbiegung. Welche Erleichterung. Schnell steigen wir ein, rudern über den Fluß, noch eine kurze Verabschiedung und wir fahren mit dem Jeep zurück nach Sileru. Etwa eine Stunde, nachdem wir weg waren, haben die Terroristen das Dorf angegriffen. Es gab sieben Tote, vier Terroristen und drei andere.

»Ich dachte auch, daß jetzt höchste Gefahr sei, als das Boot so lange nicht kam«, gestand Singh ein. Das Boot war tatsächlich weg, als die Evangelisten hinkamen, aber sie trieben ein anderes Boot auf. Deshalb hatte es so lange gedauert, fast 1½ Stunden. »Euer Besuch in Goraluru wird reiche Frucht bringen«, versicherte Singh: »Einmal im Dorf selbst. Daß ihr Europäer in dieses abgelegene Dorf gekommen seid, das hat uns, dem Evangelium alle Türen geöffnet. Und unsere Christen hier im Dschungel von Siler leben ja täglich mit der Bedrohung durch die Terroristen. Das wird ihnen ganz großen Mut geben, wenn sie hören, daß ihr der Gefahr nicht ausgewichen seid.«

Wir haben heute eine christliche Gemeinde in Goraluru.

Ich will etwas werden! – Raju

Raju – sein Name heißt »König« – ist in dem kleinen Dorf
Saripalli im Ost-Godavari-Distrikt in Andhra-Pradesch
geboren. Seine Eltern waren Christen. So erlebte er
schon von klein auf die Verachtung, ja den Druck, mit
denen die Hindugesellschaft oft die Christen ausgrenzt.
»Du sollst einmal ein Diener Christi werden«, so sagte
seine Mutter ihm immer wieder. Doch Raju hatte andere
Pläne: Er wollte etwas werden, anerkannt sein, das
schwor er sich immer wieder. Besonders wenn ihn der
Spott, ja die oft feindselige Ablehnung seiner Kameraden weh tat.

Raju meldete sich zur indischen Armee. Soldaten
braucht man immer, da werden auch Christen genom-
men. Und Raju diente sich hoch, er unterwarf sich
fraglos dem härtesten Drill, tat sich im Schießen besonders hervor und bewies auch technisches Geschick. Seine
Vorgesetzten lobten ihn, und Raju war stolz. Er wurde
Unteroffizier bei den Funkern und hatte gute Chancen,
immer weiter nach oben zu kommen.

Doch seine »Vergangenheit« ließ ihn nicht los. Die
Gebete seiner Mutter waren es sicherlich mit: Raju kam
in einen christlichen Gottesdienst, der auf dem Kaser-
nengelände gehalten wurde. In der Armee gibt man sich
ein Stück weit tolerant. Die Predigt traf ihn mitten ins
Herz: »Soldaten gibt es sehr viele, doch Jesus Christus
hat bei uns in Indien wenig Mitstreiter. Viele sind bereit
für Indien zu kämpfen, wer will für Jesus streiten?« Raju
wußte: Ich bin gemeint! Wochenlang rang er mit sich.
Dann die Entscheidung: Er reichte die Entlassung ein.

Seine Vorgesetzten beschworen ihn, dazubleiben, machten ihm Hoffnung auf schnellere Beförderung. Aber Raju war besiegt, besiegt von Jesus für Jesus.

Er wurde Hilfsprediger in einer kleinen Kirche, ging dann auf eine Bibelschule und ließ sich ausbilden. Er heiratete eine Christin. Sein Schwiegervater arbeitete als Kuli am Staudammprojekt im Dschungel von Siler. Bei einem Besuch dort traf Raju Vater Komanapalli, der seit etwa zwei Jahren dort evangelistisch arbeitete. Raju wurde Pastor der ersten und neuen christlichen Gemeinde im Siler, in Polluru. Seit 1977 arbeitet er als »Soldat« Jesu Christi mit unserer Mission als ein treuer Zeuge.

Die Arbeit in Polluru war mühsam. Viele Widerstände machten der jungen christlichen Gemeinde Nöte: Die Arbeiter am Staudamm – einem Entwicklungshilfeprojekt der damaligen sowjetischen Regierung für Indien – waren roh und gewalttätig. Oft pöbelten sie die Christen, sowieso Außenseiter, an. Die Christen wurden von den Regierungsbeamten benachteiligt; weniger Lohn, keine Schulen für die Kinder, keine Unterstützung für den Kirchbau. Doch dann zeigte Gott seine Kraft: Ein Mann wurde sehr krank, und man erklärte ihn für verrückt, ja wahnsinnig. Er griff die Dorfbewohner an, riß sich die Kleider vom Leib, wollte sich dann selbst umbringen. Im Dorf herrschte Entsetzen. Schließlich überwältigten ihn beherzte Männer und fesselten ihn an einen Baum. Sein wildes Schreien tönte durch das ganze Dorf, und die Frauen und Kinder verkrochen sich in Angst, und die Ehefrau versuchte, ihn zu beruhigen. Er trat wild nach ihr, niemand konnte helfen.

In dieser Not wurde Pastor Raju geholt: »Dein Gott Jesus, kann der helfen?« Raju nahm zwei Gemeindeälteste mit sich. Schreckliche Flüche empfingen sie, sie erkannten: Der Mann war dämonisch besessen, und sie beteten für ihn. Er spuckte sie an, gab obszöne Flüche von sich und Schaum stand ihm vor dem Mund. Sie beteten weiter. Der Mann wurde ruhiger, immer ruhiger, und sie konnten die Fesseln lösen. Er war ganz schwach, aber gesund. Das wurde der Beginn eines neuen Fragens im Dorf: »Der Christengott hat Kraft!« Die Gemeinde wuchs.

Pastor Raju kam in ein Dorf weiter innen im Dschungel. In Donkeray sollte er die Gemeinde aufbauen, und der ehemals Besessene wurde sein treuester Helfer. Die Bedrohung durch die Naxalites, die Terroristen, war groß. Zweimal hielten sie ihn unterwegs fest, bedrohten ihn: »Du kannst deine Hilfsarbeit mit den Kindern und an den Kranken weiter tun, hör aber auf, von dem Christengott Jesus zu reden. Die Leute, die an ihn glauben, kämpfen nicht mehr«, so sagten sie ihm. »Doch, wir kämpfen auch«, war seine Antwort, »aber anders als ihr; wir kämpfen mit Liebe, um die Herzen der Leute. Ihr aber kämpft mit Gewalt und gegen Menschen.« Sie ließen ihn unter schweren Drohungen laufen.

Einer nahm ihm alle seine Sachen weg, darunter war auch sein Kassettenrecorder, den jeder Evangelist hat. Bruder Pratab baut sie in seiner Elektrowerkstatt in Rajahmundry. Singh bespricht evangelistische Kassetten, so kann sie jeder Evangelist in den Dörfern abspielen, auch der einfachste. Solche Kassetten fielen auch dem Terroristen in die Hände. Wochen später klopfte es nachts an der Haustür, und Pastor Raju öffnete. Dieser Terrorist stand da und Raju glaubte an einen Überfall. Doch der Mann weinte, und es kam zu einem langen Gespräch. Er hatte alle Kassetten gehört, und das Evangelium hatte ihn getroffen. Er übergab in dieser Nacht sein Leben Jesus Christus. Raju durfte ihm den Weg zeigen. Er wurde ein Diener Christi:

Raju ist etwas geworden, er ist alles geworden, ein Wegweiser zur Rettung für viele.

Von Tigern, Schlangen und anderen Gefahren

Viele hundert Menschen waren dagewesen, selbst aus dem tiefsten Dschungel, drei Stunden Fußmarsch entfernt, waren Leute gekommen. Es war ja auch fast eine Sensation: Wir zeigten hier in Polluru bei der Evangelisation am Abend einen Film über Jesus. Diese Filme aus der Genesis-Reihe beschreiben das Leben Jesu sehr eindrücklich, ohne große Spielhandlung, ganz schlicht dem Bibelwort nacherzählt. Singh erklärte den laufenden Film in der Telugu-Sprache, so konnten alle verstehen.

Etwas entfernt knatterte der Generator, der den Strom für das Filmgerät lieferte. Mehr als der Film – ich hatte ihn schon mehrmals gesehen – interessierten mich die Menschen. Wie gebannt folgten sie den bewegten Bildern auf der Leinwand. Im flackernden Lichtstrahl beobachtete ich ihr Mienenspiel, die Leute lebten völlig mit. Dann der Teil, wo Jesus gekreuzigt wird, ich war zutiefst bewegt: Viele weinten laut, so sehr hatte sie dieses Geschehen in Bann gezogen. Die letzten Bilder, der Tod am Kreuz – es war totenstill. Dann aber kündigte Singh an: »Es kommt noch ein Film, dieser Jesus lebt wieder.« Da, plötzlich »hustete« der Generator, das Benzin war aus, und wir hatten keinen Vorrat mehr da – Ratlosigkeit. Da kam ein Polizeioffizier, der zu unserem Schutz mit dabei war: »Im Tank meines Motorrades sind noch zwei Liter, ich gebe sie euch.« Der Film konnte weitergehen. Da gab es laute Freudenrufe, ja sogar

Händeklatschen, als auf der Leinwand der auferstandene Christus zu sehen war.

Das Mittel Film ist eine große Gelegenheit, Menschen mit dem Evangelium bekannt zu machen. Viele in den Dschungeldörfern haben dadurch die ersten Schritte im Glauben getan. Nun sind wir mit dem Auto auf dem Heimweg, Singh und ich auf der einsamen, einzigen Straße durch den Dschungel. Wir schweigen beide, sind erschöpft und hängen unseren Gedanken nach. Ich sehe aus den Augenwinkeln: Singh nickt immer wieder: »Will er etwas sagen?« Ich sehe genau hin, da merke ich, Singh schläft immer wieder beinahe ein. Ich lache, »komm Singh, laß mich ans Steuer, du bist ja völlig fertig.« Er schreckt auf und meint verlegen: »Ja, wenn du noch fahren kannst.« Wir steigen aus, wollen die Plätze wechseln, plötzlich ein Schrei. Was ist da? Singh ist auf der anderen Seite des Autos, ich schaue nach vorne und erstarre: Im Scheinwerferlicht, mitten auf der Straße, ein Tiger. Seine Augen funkeln. Herrlich, das gestreifte Fell – ein majestätischer Anblick. Ja, im Zoo, hinter Gittern, aber hier . . . Wir beide hechten ins Auto, Tür zu, mir schlottern die Knie. Der Tiger verschwindet lautlos im Dunkeln. Singh ist jetzt hellwach. Wir sind Gott sei Dank bewahrt geblieben. Nicht immer gehen solche Begegnungen so glimpflich aus. In Gudem, auch einem Dschungeldorf, hat ein Tiger zwei Männer aus unserer christlichen Gemeinde, beide Kirchenälteste, angefallen und getötet.

Im Dschungel gibt es viele wilde Tiere: Bären, Leoparden, Wildhunde . . . Und unsere Evangelisten brauchen »Gebetsgeleit«, da sie oft nachts noch unterwegs sind.

Dann die Schlangen: Singh hatte in einem Dschungeldorf gepredigt, und viele Einzelgespräche schlossen sich an. Es war fast Mitternacht, und die Dorfbewohner luden ihn ein zu bleiben. Noch etwas Reis als Abendessen und dann schlief er tief in einer einfachen Bambushütte auf der Matte, die nächtlichen Geräusche des Dschungels hörte er nicht mehr. Es war schon hell, als Singh aufwachte. Was war das? Er hatte solch einen Druck auf der Brust. Er wollte aufstehen, blinzelte, dann wurde er völlig starr: Auf seiner Brust lag zusammengeringelt eine große Schlange, eine Giftschlange. Sie hatte in der Nachtkühle einen wärmenden Platz gesucht und gefunden. Singh lag regungslos, Angst kroch in ihm hoch, und er wagte nur noch ganz flach zu atmen. Ja nicht reizen, dachte er. In seine Angst hinein fiel ihm die Geschichte von Paulus auf Malta ein (Apg 28): Eine Schlange hatte ihn gebissen, konnte ihm aber nicht schaden. Er warf sie einfach in das Feuer. Singh betete. Und es wurde ihm ein Bibelwort geschenkt: »Sie werden Schlangen mit den Händen hochheben . . . und es wird ihnen nicht schaden«, so verheißt der auferstandene Christus seinen Boten (Mark 16, 18). »Hochheben, das traue ich mich nicht«, dachte er, aber »es wird ihnen nicht schaden«, daran hielt er sich, das besiegte die Angst.

Wieviel Zeit war vergangen? Er hatte kein Zeitgefühl mehr. Da, die Schlange hob den Kopf, sie schien ihn starr anzuschauen. Erschrak sie etwa auch? Eine schnelle Bewegung und sie schlängelte sich über Singhs Körper auf den Boden und war verschwunden. »Und es wird ihnen nicht schaden.« Singh wußte es und dankte Jesus dafür, daß er aus großer Gefahr gerettet worden war. Es gilt auch: die Fürbitte baut Mauern des Schutzes.

Gefahren unterwegs: Müde fuhr Jeevan mit seinem Wagen heimwärts. Es war schon Nacht geworden, und er hatte die ganze Familie dabei. Die Kinder hatten viel drauflosgeplappert, jetzt waren sie eingeschlafen; auch seine Frau Nalini schlief.

Jeevan gingen manche Gedanken durch den Sinn. Wieviel Not gab es doch in den Dörfern um Kondalaa-graharam. »Das Krankenhaus ist eine große Hilfe, aber wir müßten sehr viel mehr tun!« so dachte er. »Doch, auch wenn wir zehnmal soviel Menschen helfen könnten, es würden immer noch unzählbar viele auf Hilfe warten müssen.«

Die Not machte einen manchmal müde. Jetzt aber war er wirklich müde, körperlich müde, einfach erschöpft. »Noch zehn Kilometer, dann haben wir es geschafft, sind daheim.«

Das schmale Band der Straße verschwimmt ihm immer wieder vor den Augen, der Kopf sinkt herunter. Da, ein kräftiger Stoß, der alle im Wagen durchschüttelt. Jeevan reißt die Augen auf, sie sind über den Rand der Straße gekommen, und er verliert die Gewalt über den Wagen. Entsetzt sieht er die Bäume auf sich zukommen. Nalini und die Kinder schreien vor Schreck. Er versucht zu lenken, der Wagen schießt zwischen zwei Bäumen – um Haaresbreite – hindurch. Dann ein Klatschen und Gur-geln und das Auto ist in einem kleinen See gelandet und versinkt schnell. Jeevan ist wie betäubt, doch dann schenkt ihm Gott Geistesgegenwart: die Tür auf und schnell die Kinder heraus. Auch Nalini kann sich befrei-en. Tropfnaß steht die ganze Familie am Ufer, vom Auto ist nichts mehr zu sehen, doch keinem ist ernsthaft etwas ge-schehen. Einige Schrammen, kleine Beulen, der Schreck . . ., aus ganzem Herzen kann Jeevan Gott danken.

Wir beschließen im Indien-Ausschuß hier in Deutschland: Jeder Verantwortliche der fünf Arbeitsgebiete in Indien muß einen Fahrer haben. Die 1200 Rupien (etwa 60 DM) monatlich sind gut angelegt. Autofahren ist in Indien oft lebensgefährlich, ist Schwerstarbeit, umbeten wir unsere Brüder.

Der Sohn des Zauberers

Prakash ist der Sohn eines Zauberers. Der Zauberer, der Medizinmann, hat große Macht im Dorf. Prakashs Vater ist ein gefürchteter Mann und ein reicher Mann. Die Dorfleute kommen zu ihm, wenn sie krank sind, und er hat Kraft, kann oft helfen und heilen. Seine Kraft hat jedoch dämonische Wurzeln. Die Menschen haben deshalb Angst vor ihm. Der Zauberer muß gut bezahlt werden, sonst hilft er nicht. Zwei Hühner sind bei normalen Krankheiten der übliche Preis; doch kann es in schwereren Fällen auch schon mal eine Ziege oder gar eine Kuh kosten.

Der Zauberer hilft auch, Unglück abzuwehren. Er verkauft Amulette, die er geheimnisvoll weiht. Schon die neugeborenen Kinder bekommen das schwarze Band mit der Kapsel um den Hals. Es soll vor allen Angriffen böser Geister schützen. Der Medizinmann entscheidet über das Wohl und Wehe der Menschen im Dorf. Er kann auch einen Schadenszauber verhängen: Da hat einer mit seinem Nachbarn Streit. Er geht zu Prakashs Vater, bezahlt ihn gut, und der spricht einen Fluch gegen den Nachbarn. Denken wir nicht, das wäre Humbug – da steht tatsächlich eine Macht, okkulte Kräfte, dahinter. Der Verfluchte in seiner Angst bezahlt dem Zauberer noch mehr, damit er den Fluch wieder aufhebt. So hat er doppelt verdient.

Der Zauberer schickt seinen Sohn Prakash auf eine Schule. Er kann es sich leisten, als einziger im Dorf hat er genügend Geld dazu. Prakash lernt gut, die Eltern sind stolz auf ihn. Wenn er in den Ferien heimkommt, zeigt er

»seine Künste«. Er kann nämlich lesen und schreiben. Die einfachen Dörfler staunen.

In der Schule ist eine christliche Lehrerin. Sie erzählt den Kindern von Jesus, macht sie mit dem Evangelium bekannt. Sie schenkt Prakash eine Bibel, und Gott arbeitet am Herzen des Jungen. Prakash wird selbst Christ. Er ist gerade 15 Jahre alt. Als er nach Hause kommt, bezeugt er seinen neuen Glauben. Sein Vater, der Zauberer, gerät in großen Zorn. Er wollte jetzt seinen Sohn in die »Lehre« nehmen, ihn in alle seine Geheimnisse einweihen, er sollte sein Nachfolger werden. Aber Prakash lehnt entschieden ab: »Mein Gott Jesus will das alles nicht«, so sagt er seinem Vater. Der versucht alles, seinen Sohn vom christlichen Glauben wegzubringen. Er nimmt ihn von der Schule. Es kommt zur Gewaltanwendung – Prakash wird geschlagen. Schließlich verstößt ihn sein Vater. Prakash wohnt in einer einfachen Bambushütte am Rand des Dorfes und fristet notdürftig sein Leben.

»Höre doch mit diesem Gott Jesus auf«, bedrängt seine Mutter ihn immer wieder. Heimlich bringt sie Prakash Lebensmittel. Doch er bleibt standhaft. Seine Kameraden im Dorf verspotten ihn: »Wo ist die Kraft deines Jesus?« Du liest aus einem Buch und betest auf einem leeren Platz, hast ja nicht einmal ein Bild deines Gottes. Was soll uns das im Dorf helfen? Geh zu deinem Vater, lerne bei ihm, so hast du Zukunft!«

Einer unserer Evangelisten besucht Prakash in seinem Dorf, Pastor Abraham. Der Vater sprach greuliche Flüche gegen ihn, aber Pastor Abraham blieb davon unberührt. Er riet Prakash, doch auf unsere Bibelschule zu gehen. Prakash sah das als einen Ruf von Gott an. Sein

Vater schäumte vor Wut und sagte sich endgültig von seinem Sohn los.

Zwei Jahre besuchte Prakash unsere Bibelschule in Vishakapatnam. Im ersten Jahr ereignete sich das, was seinen Glauben auf eine harte Probe stellte: In der Bibelschule lernte er einen Mitstudenten kennen, der in ähnlicher Lage wie er war. Auch Kumar, so hieß er, war von seiner Familie verstoßen worden, weil er Christ geworden war. Das ganze Dorf stand gegen ihn; er aber wollte sie für Jesus gewinnen. Deshalb war er auf die Bibelschule gegangen. Er wollte Evangelist in seinem Heimatdorf werden. Prakash und Kumar wurden enge Freunde. Sie beteten oft gemeinsam für ihre Familien und ihre Dörfer. Das erste Semester war vorüber, und die Bibelschüler fuhren für zwei Monate nach Hause. Auch Kumar ging in sein Dorf. Er wollte jetzt schon Zeuge für sie sein. Und es war für ihn wie ein Wunder: Er wurde im Dorf sehr freundlich empfangen. Auch seine Eltern redeten wieder mit ihm. Erst wenige Tage war er wieder zu Hause, da kamen an einem Morgen zwei Dorfälteste. Sie begrüßten ihn: »Wir freuen uns, daß du wieder da bist, und laden dich heute abend zu einem Fest ein. Es gibt auch ein gutes Essen, zu deinen Ehren.« Kumar freute sich sehr, er war völlig arglos. Am Abend begann das Fest. Tänze wurden aufgeführt, die Männer machten Stockfechten, auch Kumar beteiligte sich. Das Essen war großartig, es gab sogar Hähnchencurry. Ein richtiges Festessen. »Fast wie bei einer Hochzeit«, freute sich Kumar. Sie häuften die besten Stücke auf seinen Teller und waren sehr freundlich zu ihm. Kumar aß mit Hochgenuß.

Eine halbe Stunde später wurde Kumar ganz schläfrig, dann ein bohrender Schmerz in seinen Eingeweiden. Die

Gesichter um ihn herum verschwammen vor seinen Augen. Der Schweiß brach ihm aus. »Helft mir«, stöhnte er. Doch die Menschen, auch sein eigener Vater, beobachteten ihn nur. Einer sagte ihm sogar haßerfüllt ins Ohr: »Jetzt soll dir doch dein Gott Jesus helfen.« Kumar erkannte, daß sie ihm Gift ins Essen gegeben hatten. Der Schmerz wurde unerträglich. Er verlor das Bewußstein. Kumar ist in dieser Nacht verstorben. Die Dörfler verbrannten seinen Leichnam.

Prakash war tief entsetzt, als er davon erfuhr, auch schwer angefochten: »Warum hat Jesus nicht eingegriffen? Hat er keine Kraft?« raubten die quälenden Fragen ihm den Schlaf. Nach einem langen Gespräch mit Singh wurde er ruhiger. »Gott kann solche und solche Wege führen. Er tut nicht immer ein Wunder, aber Kumar ist als sein Zeuge gestorben. Das wird auch einmal Frucht bringen«, so hatte Singh gesagt. Prakash blieb auf der Bibelschule, beendete die Ausbildung. Heute arbeitet er als junger Evangelist in einem Dschungeldorf. »Ich möchte bald einmal in Kumars Dorf gehen und dort Jesus verkündigen«, sagte er zu mir.

Prakash, der Sohn des Zauberers, ist ein Diener Jesu Christi.

Wer ein Kind aufnimmt in meinem Namen . . .

Wir fahren auf der holprigen Dschungelstraße. Singh hält an. Ein kurzer Weg durch den Dschungel und dann stehen Reinhold und ich mit Singh vor Prasads Haus. Prasad ist Evangelist und arbeitet hier mit uns in diesem Dschungeldorf. Er ist verheiratet und hat ein Kind, nein, er und seine Frau haben sechs Kinder. Sie sind unsere ersten »Ersatz-Eltern« und haben fünf Buben zwischen sechs und zehn Jahren adoptiert. Alle sind Waisen oder Halbwaisen. Wir betreuen in unserer Missionsarbeit einige hundert Kinder in acht Kinderheimen, dazu mehrere hundert Kinder in Kindertagesstätten in den Dschungeldörfern. Und das ist unser dritter Dienstbereich an Kindern: Waisenkinder sollen von bewußt christlichen Ehepaaren in ihrer Familie betreut werden.

Prasad und seine Frau – sie heißt »Evangelium« – waren schon mehrere Jahre verheiratet. Sie warteten sehnlichst auf ein Kind, doch sie blieben kinderlos. Da nahmen sie Singhs Anfrage, ob sie nicht einige Kinder als Ersatzeltern betreuen könnten, als Gebetserhörung und nahmen die fünf Buben gerne auf. Sie durften sie sogar adoptieren, die Regierung stimmte zu. Und so kamen Raju, Santi, Babu, Rajesch und Shuresh in die Familie. Längst sind Prasad und seine Frau keine Ersatzeltern mehr. Und Gott tat noch hinzu: Die beiden bekamen noch ein Mädchen. Wir unterstützen die Familie mit einem monatlichen Beitrag für jedes Kind.

Prasad erzählt uns kurz aus seinem Leben. Er ist hier im Dschungel in einem Dorf aufgewachsen. Als einziger

Sohn seiner Eltern, die Christen waren. Zuerst ging der Junge gern mit zu der Gemeinde. Der Spott seiner Kameraden und die oft aufbrechende Feindseligkeit gegen die Christen machten ihn aber immer ablehnender. Prasad floh von zu Hause, gerade 15 Jahre alt. Es war eine große Not für seine Eltern, und er brachte sie damit auch in Schande vor dem ganzen Dorf. Sechs Jahre lang wußten seine Eltern gar nichts von ihm. Ob er überhaupt noch lebte?

Prasad wurde zu einem der zahllosen Straßenjungen, er wurde hart und gemein. Er schloß sich einer Jugendbande an, wurde kriminell, doch er wurde von der Polizei nie erwischt. Doch Gott arbeitete an ihm. Er wurde immer unruhiger. Nach einiger Zeit trennte er sich von der Bande und arbeitete in einer Straßenbaukolonne. Durch Schwerstarbeit wurde er zum Mann und reifte innerlich. Der Same des Wortes Gottes, der als Kind in ihn gesät wurde, begann zu keimen. Prasad kehrte nach Hause zurück wie der verlorene Sohn, von dem Jesus erzählt, und tat Buße und bat um Vergebung. Er wurde ein gehorsamer, hilfsbereiter Sohn. Aus seiner »wilden« Zeit wußte er um die große innere und äußere Not der Straßenkinder. Ihnen wollte er einmal helfen. Der Evangelist seiner Gemeinde ermutigte ihn zum Besuch der Bibelschule.

Prasad kam zu uns auf die Bibelschule nach Vizag. »Dort habe ich erst einmal Disziplin und Gehorsam gelernt«, so erzählt er. »Am Anfang fiel mir die Einordnung und Unterordnung in die Gemeinschaft sehr schwer; aber das hat mir wirklich geholfen und mich für mein Leben geprägt. Dort in der Bibelschule habe ich auch wirkliche christliche Liebe kennengelernt, die mich selbst verändert hat.« Wir merkten, wie dankbar Prasad ist, und danken Gott dafür, wie er unseren Dienst gebraucht.

Nun ist Prasad hauptamtlicher Diener Jesu Christi in dieser Dschungelgemeinde. Sein Wunsch, besonders Jugendlichen zu helfen, hat sich mit den fünf Buben auch ein Stück verwirklicht. Er sagt: »Gottes Segen ist in unserer Familie spürbar. Ich danke jeden Tag, daß mich Jesus so verändert hat.« Der Segen Gottes, der auch aus Jesu Wort kommt: »Wer ein Kind aufnimmt in meinem Namen, der nimmt mich auf.«

Der Sohn des Häuptlings

Die große Mitarbeiterkonferenz geht zu Ende. Vier Tage lang haben Reinhold und ich intensiv mit allen unseren Evangelisten, Pastoren, Bibelschülern und anderen Mitarbeitern auf Gottes Wort gehört und miteinander gearbeitet. Nun der Abschied. Vielen fällt er sichtlich schwer, es waren gesegnete Tage.

Da stellt uns Singh noch eine Gruppe junger Leute vor. Drei Mädchen und zwei junge Männer vom Stamm der Bondas. Auch sie waren in diesen Tagen dabei, haben sich aber immer im Hintergrund gehalten, die vielen Leute schüchterten sie ein. Die Bondas, das ist ein Bergstamm in Orissa, zu dem unsere Evangelisten Kontakt bekommen haben. Ganz langsam öffneten sie sich für das Evangelium. Jetzt haben wir etwas Zeit, um miteinander zu reden. Die Mädchen tragen den traditionellen Bonda-Schmuck:

– viele Reifringe um den Hals

– der Kopf ist mit einer geflochtenen Kappe aus Bast bedeckt

– lange Ohrringe

– die Brust ist mit unzähligen bunten, selbstgefertigten Ketten behängt

– ein leuchtender Nasenring

– ein einfacher Bastrock

»Und das ist der Sohn des Häuptlings«, stellt uns Singh den einen jungen Mann vor.

Meine Gedanken gehen zwei Jahre zurück. Nach langer, anstrengende Fahrt auf den Dschungelpisten, völlig eingestaubt, waren wir endlich in dem kleinen Marktflecken im Dschungel von Orissa angekommen. Fasziniert beobachteten wir das lebhafte Markttreiben: Dort wurde intensiv um einige Ziegen gehandelt, ein Schmied übte sein Handwerk aus, zwei traten eifrig den Blasebalg. Viele Gewürze, der beißende Geruch getrockneter Fische, farbenprächtige Tücher, Gemüse aller Art und viele, viele Menschen. Dazwischen, schon von weitem sich abhebend – die Bondas. Zum wöchentlichen Markt kommen sie immer von ihren Bergen herunter. Sonst suchen sie keine Berührung mit der Zivilisation, leben nach ihren eigenen, uralten Stammesgesetzen.

Ein Evangelist, der dort im Dorf arbeitet, knüpfte ganz behutsam Kontakte zu den Bondas. Langsam wuchs Vertrauen. Singh wurde sogar von ihnen eingeladen, ihr Dorf in den Bergen zu besuchen. Die Behörden warnten: »Das sind unberechenbare gefährliche Menschen, Sie riskieren ihr Leben.« Singh ging trotzdem. Das brachte das Eis zum Schmelzen. Der Häuptling eines Bondastammes schloß sogar Freundschaft mit Singh. An jedem Markttag kam er mit seinen Leuten und hörte der Verkündigung des Evangeliums zu.

Heute war nun ein großer Tag. Wir hatten eine einfache Buschkirche am Fuß des Berges für die Bondas gebaut und wir sollten sie einweihen. Es war ein tiefbewegtes Erlebnis: Zum erstenmal betraten Bondaleute eine Kirche – ihre Kirche – und Reinhold und ich durften das Wort Gottes predigen. Zuerst blickten viele Gesichter der Bondaleute verwirrt und verschlossen. Aber sie tauten auf. Die Gruppe der Bibelschüler aus Vizag, die mit dabei waren, übte mit ihnen ein Lied ein und sie sangen, zögernd zuerst, dann immer freier mit. Das ist ein entscheidendes Ziel unserer missionarischen Arbeit in Indien: Die unerreichten Stämme mit dem Evangelium zu berühren. Es gibt noch Millionen solcher Menschen, gerade in Indien.

Nachher sprachen wir noch lange miteinander. Der Häuptling lud sogar die Evangelisten ein, sie könnten auch in ihr Dorf kommen. Singh und wir freuten uns sehr, hier ging eine Tür weit auf. Ich betrachtete die Waffen, die die Bondas vor der Kirche abgelegt hatten: Starke Keulen, Messer, Pfeil und Bogen. Ich nahm einen Pfeil in die Hand, wollte die nadeldünne Spitze mit dem Finger prüfen. Der Häuptling machte einen Satz auf mich zu und riß mir den Pfeil aus der Hand. Ich war verdutzt. »Die Pfeile sind vergiftet«, übersetzte mir Singh die aufgeregten Worte der Bondas, »sie sind lebensgefährlich.«

Wir verabschiedeten uns und machten uns auf den langen Heimweg. »Wie geht die Arbeit nun weiter?« fragte ich Singh. »Vier junge Evangelisten sind bereit, unter den Bondas zu arbeiten«, erzählte er, »zunächst werden sie an den Markttagen Gottesdienste dort in der Kirche halten. Aber wir hoffen, daß wir bald auch in den Bondadörfern selbst Kirchen bauen dürfen, wenn die anderen Dorfhäuptlinge auch Zutrauen fassen.«

Wenige Wochen später rief Singh mich zu Hause aus Indien an: »Denk dir«, sagte er stockend, »letzte Woche wurde der Häuptling der Bondas von seinen Leuten getötet. Sie haben ihn nachts auf der Jagd mit einem Giftpfeil ermordet. Sie wollten nicht, daß der Christengott bei ihnen verkündigt wird. Am letzten Markttag blieb die Kirche ganz leer.« Ich merkte Singh den Schmerz an. »Aber wir wollen weiterarbeiten, denn unsere Evangelisten haben keine Angst, sie suchen weiter Verbindung.«

Und jetzt stand der Sohn des getöteten Häuptlings vor uns. Lange Wochen hatten die Bondas damals die Kirche und die Evangelisten gemieden, ließen sich nicht mehr ansprechen. Furcht war in ihren Gesichtern. Doch dann war der Sohn auf einen Evangelisten zugekommen: »Mein Vater ist tot, aber wir wollen weiter von euch hören.« Eine kleine Gruppe Bondas sammelte sich jede Woche als Gemeinde in der Kirche. Die Evangelisten konnten sogar eine Frau taufen: Die erste Christin bei den Bondas.

Wir sprachen lange mit dem jungen Mann. Er soll selbst einmal Häuptling werden. Er war sehr schüchtern vor uns »Weißen«, aber eines wurde deutlich: »Wir wollen mit euch in Verbindung bleiben.« Dazu war er extra mit der kleinen Gruppe nach Vizag gekommen. Die Bondas stehen auf unserer Gebetsliste.

Dieses Büchlein war schon für den Druck vorbereitet. Am 16. Januar 1993, früh am Morgen, ruft mich Singh aus Indien an. Seine Stimme klang stockend, und ich fragte ihn: »Wie geht es dir?« Zuerst Schweigen, doch dann antwortete er: »Eben ist Amos gekommen. Er arbeitet ja bei den Bondas. Denk dir, sie haben vor drei Tagen den Sohn des Häuptlings ermordet, wie seinen Vater. Nachts, mit einem Giftpfeil.« – »Wer ist ›sie‹?« fragte ich betroffen. »Die eigene Verwandtschaft. Er wollte sich in einigen Wochen taufen lassen, und das

wollten sie verhindern!« Ich spüre Singh den Schmerz ab
und bin selbst tief bewegt. »Unsere Evangelisten bleiben
aber da«, fährt Singh fort, »immer noch kommen etwa 50
Bondas an den Markttagen zur Kirche. Wir beten, daß
Gott auch durch dieses Schreckliche Frucht wachsen
läßt.« Wir wollen mitbeten, gerade für die Bondas.

Um Jesu willen

Wer in Indien Christ wird, geht oft einen schweren Weg. Besonders in den Dörfern, wo die religiösen und die Stammestraditionen die ganze Sippe fest zusammenbinden. Der Glaube an den Gott Jesus grenzt hier aus, ja Ablehnung, Haß bis hin zur Gewalt erleben deshalb viele Christen. Singh berichtet dazu drei Beispiele:

Eine alte Frau in einem Dschungeldorf hat seit Jahren die Verkündigung des Evangeliums gehört. Immer wieder sind unsere Evangelisten in ihr Dorf gekommen. Nach einigem Zögern hat diese Frau sie zu sich eingeladen. Die Evangelisten durften bei ihr übernachten, und sie gab ihnen auch zu essen. Nach zwei Jahren bat sie um Taufunterricht und ließ sich taufen; sie war die erste Christin im Dorf und sie blieb die einzige. Das Dorfoberhaupt aber war ein böser und harter Mann. Er verstand sich auf okkulte Praktiken und übte sie auch aus. Er versperrte dem Evangelium alle Türen und bedrohte Dorfbewohner, die den Evangelisten zuhörten. Keine Kirche durfte gebaut werden, es lag wie ein Bann über diesem Dorf. Die Frau war und blieb als Christin im Dorf allein. Oft ging sie viele Stunden in andere Dörfer, wo Gottesdienste stattfanden. Sie lebte ganz allein am Rande ihres Dorfes. Ihre eigenen Verwandten mieden sie. Da wurde sie krank, schwer krank, doch niemand half ihr. Gott schickte Hilfe durch einen Evangelisten. Er fand sie elend in ihrer Hütte und veranlaßte, daß sie in unser Krankenhaus nach Kondalaagraharam gebracht und dort aufopfernd gepflegt wurde. Doch ihr Leben ging zu Ende. »Ich will in meinem Dorf beerdigt werden«, war ihr letzter Wunsch, »aber bleibt ihr dabei; es soll eine christliche Beerdigung sein.«

Nach ihrem Tod wurde sie von vier Christen aus Kondala in ihr Dorf gebracht. Doch die Leute des Dorfes verweigerten einen Platz zum Begräbnis. Das Dorfoberhaupt wies die Christen mit dem Leichnam aus dem Dorf und verfluchte sie. Das ganze Dorf stand in feindseligem Schweigen dabei. Da kehrten die Christen um, sie nahmen den Leichnam mit und hielten bei unserem Missionsgelände eine christliche Beerdigung. So groß ist der Haß: über den Tod hinaus ausgestoßen.

Auch in einem anderen Dschungeldorf lebte ein einzelner Christ. Lange hatte er seine Taufe – bei uns im Missionszentrum – verschwiegen. Aber dann bekannte er sich mutig zu Jesus und wurde zu einem Ausgeschlossenen. Er hatte einen schweren Stand in der Dorfgemeinschaft. Seine eigene Frau und die Kinder verließen ihn. Sie wollten nicht bei einem Christen bleiben. Er blieb im Dorf und hielt dem Druck stand. Manches Mal wurde er doch mutlos. Aber unsere Evangelisten besuchten ihn regelmäßig und das war ihm Stärkung; er hoffte auf Gottes Weiterhandeln auch in seinem Dorf.

Auch dieser Mann wurde krank. Mühsam half er sich selbst. Sonst wollte ihm niemand helfen. Seine eigene Familie mied ihn. Dann ging es nicht mehr. Mit hohem Fieber lag er in seiner Hütte und sah dem Tod entgegen. So sahen es auch die Dorfbewohner. Einige kamen und trugen den Todkranken aus dem Dorf hinaus. Abseits des Dschungelweges legten sie ihn einfach auf die Erde, dort sollte er sterben. Sie hatten Furcht. Würde er in seiner Hütte im Dorf sterben, könnte sein Geist immer wieder dorthin zurückkehren, so glaubten sie. Sie wollten aber den Christen mit seinem Christengott endgültig los sein. Sollte der Geist durch den Dschungel irren und sich den anderen Dschungelgeistern anschließen.

Unsere Evangelisten hörten davon. Vier machten sich auf den Weg. Der Hilflose und Sterbenskranke lag tatsächlich völlig allein im Dschungel und war zeitweise bewußtlos. An einen Transport des Kranken war nicht zu denken. Da knieten sie bei ihm nieder und sangen die Jesuslieder, legten ihm die Hände auf und beteten mit ihm. Die Dorfleute wurden von den Liedern angelockt. Sie standen in einiger Entfernung, finster, schweigsam, fast drohend. Den ganzen Nachmittag blieben die Evangelisten bei dem Kranken im Gebet und zur Anbetung. Und Jesus Christus handelte sehr direkt, in aller Öffentlichkeit. Die Sonne war am Untergehen, da stand der Kranke plötzlich auf. Das Fieber war weg, seine Kräfte zurückgekehrt, er war gesund. Staunend sahen die Dorfleute, was da geschehen war. Dieser Christ lebt bis heute weiter in seinem Dorf. Er ist der Beweis der Kraft Jesu Christi für alle im Dorf. Langsam, ganz langsam öffnen sich die Türen der Herzen dem Evangelium. Schon dreimal konnten unsere Evangelisten dort öffentlich einen Gottesdienst halten – Heilung, die zum Zeugnis wird für andere.

Unsere Evangelisten leben mit ihren Familien in den Dschungeldörfern. Es ist auch für sie, die sie aus zivilisierten Gegenden kommen, oft schwer, dort im Dschungel zu leben. Aber sie wollen bei den Menschen sein. Tagsüber sammeln sie die Kinder, geben ihnen Unterricht in Lesen, Schreiben und Rechnen und erzählen ihnen die biblischen Geschichten. Abends suchen sie dann das Gespräch mit den Dorfbewohnern. So öffnen sich viele Menschen für das Evangelium. Auch Sundar lebte mit seiner Familie, Frau und zwei Kindern in solch einem Dorf. Seine Frau war schwanger, und sie freuten sich auf ihr drittes Kind. Aber sie hatten im Dorf einen schweren Stand. Viele Dorfbewohner begegneten ihnen mit Ablehnung, ja Feindseligkeit. Nur zwei Familien waren für das Evangelium aufgeschlossen. Nur zwei? Sundar sagte: »Schon zwei!« Er war ein eifriger Zeuge und ging auch noch in andere Dörfer in der Umgebung. Alle sollten von Jesus Christus hören.

Eines Tages kehrt er von einem Besuch in sein Dorf zurück. Es ist schon fast Abend. Zwei Tage lang war er weggewesen. Als er ins Dorf kommt, weichen ihm die Menschen aus. Dann steht er vor seinem Haus. Das war einmal ein Haus. Jetzt ist es ein rauchender Aschehaufen. Der Schreck durchfährt ihn, aber da kommt seine Frau mit den beiden Kindern. »Gegen Morgen haben sie das Haus angezündet«, erzählt sie unter Schluchzen, »aber wir haben es rechtzeitig bemerkt und konnten uns retten.« Gott sei Dank. Sicher waren es Bewohner aus dem Dorf, die den Evangelisten damit vertreiben wolten. Singh hörte von dem Vorfall und besuchte Sundar und seine Familie. »Ihr könnt von hier wegziehen und anderswo arbeiten, wo es nicht so gefährlich ist«, bot er ihnen an. Aber Sundar und seine Frau wollten bleiben. »Gerade hier, wo Feindschaft ist, da ist es wichtig, daß jemand Gottes Liebe lebt und sagt«, so sagten sie. Der Herr schaffe ihrem Dienst Frucht.

Auf eigenen Beinen gehen

Ein jammervolles Geschöpf, es war fast nicht mitanzuse-hen. Das Mädchen, etwa acht Jahre alt, litt an den schlimmen Folgen der Kinderlähmung und war völlig verkrümmt. Die Beinchen, so muß man sagen, in schlimmer Mißbildung. Die Mutter zog das Kind auf einer einfachen Karre, sie war völlig erschöpft. Von weit entfernt mußten sie zu unserem Krankenhaus nach Kondalaagraharam gekommen sein. Mit großen bittenden Augen sah sie den Arzt an. Der untersuchte das Mädchen gründlich, dann zuckte er bedauernd die Achseln. Mit unseren beschränkten Mitteln war hier nicht zu helfen, und oft stehen unsere Mitarbeiter hilflos da. Neben Lepra und Tbc ist die Kinderlähmung eine weitverbreitete Krankheit in den Dörfern. Einer unserer Mitarbeiter machte eine Untersuchung. Allein in den Dörfern im näheren Umkreis um das Krankenhaus zählte er über 400 Polio-Kinder.

Jeevan, der Leiter des Krankenhauses, kam gerade, als die Untersuchung beendet war. »Nichts zu machen«, murmelte der Arzt. »Gar nichts?« fragte Jeevan. »Nein, mit unseren Mitteln nichts. Wir müßten das Mädchen nach Vishakapatnam in das große Krankenhaus bringen. Dort könnte ihm wohl geholfen werden. Aber es wären mehrere Operationen nötig und die Kosten . . .« Der Arzt brach ab. Jeevan sah die Mutter und das Mädchen und sagte dann ganz spontan: »Wir wollen es versuchen.« Die Mutter und das Kind waren einverstanden.

Es folgten lange Wochen voller Schmerzen. Nach jeder Operation wurde das Mädchen wieder in unser

Krankenhaus gebracht, und die Schwestern kümmerten sich vorbildlich um sie. Die Mutter blieb die ganze Zeit da. Endlich, über neun Monate waren vergangen, da konnte der letzte Gips entfernt werden. Die Beine waren wieder gerade. Wieder Wochen intensiver Behandlung, Gymnastik, Muskelübungen. Nach über einem Jahr stand das Mädchen auf seinen Beinen. Die Schwestern und Ärzte klatschten Beifall. Die ersten zögernden, unsicheren Schritte, die Leidenszeit war vorbei.

Für die Mutter aber begann eine ganz besondere Leidenszeit. In den Monaten, in denen sie bei uns war, hatte sie regelmäßig an den morgendlichen Andachten im Krankenhaus teilgenommen. Auch zu den Gottesdiensten war sie gekommen und wurde Christin. Wenige Tage bevor sie in ihr Dorf heimgingen, ließ sie sich taufen. Und damit begann ihr Leiden. Ihr Mann war die ganze Zeit nur zweimal dagewesen und hatte nach Frau und Tochter gesehen. Ihm war der ganze Aufwand für das Mädchen zuwider. Ja, wenn es ein Junge gewesen wäre. Mädchen zählen in Indien nichts, sie kosten nur viel Geld für die Mitgift und bringen nichts ein.

Als ihm seine Frau auch noch sagte, daß sie getauft sei, schäumte er vor Wut. Das Weitere erfuhren wir von den Dorfbewohnern. Jeden Tag schlug er seine Frau, manches Mal bis zur Bewußtlosigkeit. Seine ganze Verwandtschaft drang auf die Frau ein, beschimpfte sie, ja auch sie beteiligten sich an den Mißhandlungen; doch die Frau blieb standhaft. Da erklärte ihr Mann sie für verrückt, und sie kam in eine psychiatrische Klinik. Die Ärzte glaubten dem Ehemann.

Als Jeevan und Singh von ihrem Schicksal hörten, beschlossen sie zu helfen. Sie sprachen mit den Angehörigen der Familie der Frau. Ihre Brüder, einflußreiche

Männer in einem anderen Dorf, waren entsetzt, als sie vom Schicksal ihrer Schwester hörten. Sie gingen zu ihrem Ehemann, der alle Rechte auf diese Frau hatte. Sie verhandelten mit ihm, boten ihm schließlich Geld, und da stimmte er zu. Er holte seine Frau aus der Anstalt und versprach, sie nicht mehr zu mißhandeln. Die Summe war auch entsprechend hoch.

Wir haben Irina – so heißt diese Christin – ganz aus den Augen verloren. Wenige Wochen später zog ihr Mann mit der ganzen Familie weg, mit unbekanntem Ziel. Irina steht auf unserer Gebetsliste, auch ihre Familie, besonders die Tochter. Damit es vom äußeren Gehen zu einem geistlichen Gehen bei der ganzen Familie kommt.

In Not durch Wasser

Wasser bedeutet Leben, gerade auch in Indien. Ohne genügend Regen zur rechten Zeit gibt es keine Ernte, und dann hungern die Menschen. Ohne sauberes Wasser zum Trinken werden viele krank. Wir bauen deshalb in vielen Dschungeldörfern Brunnen, die gutes Grundwasser liefern. Für die Menschen lebens- und überlebenswichtig. Das öffnet viele Türen für das Evangelium. In Saripalli, einem Dienstbereich unserer Mission, war die Wasserversorgung ein ständiges Problem. Das Wasser kommt durch einen drei Kilometer langen Kanal aus Narsapur und wird unterwegs stark verschmutzt. Es ist eine richtig braune Brühe, eine gefährliche Brühe, die viele Krankheitserreger enthält. Die Kinder im Kinderheim, die Schreinerlehrlinge, ja Joseph, der Leiter unserer Arbeit dort, und seine Familie wurden oft krank. Hohes Fieber, Durchfall, Magenbeschwerden, Augen- und Hautkrankheiten. Die Versuche, das Wasser aufzubereiten, halfen nur wenig. Schlimmer noch ging es den Hunderten von Menschen, die in ihren armseligen Hütten hier in Saripalli leben. Es gibt immer wieder Epidemien mit vielen Todesfällen, besonders unter den Kindern.

Wir beschlossen, Nägel mit Köpfen zu machen. Aus Madras kam ein Spezialist für Wasseraufbereitung. Er untersuchte sorgfältig das Wasser, analysierte, plante, rechnete und machte dann seinen Vorschlag: Eine Filteranlage für ca. 20 000 DM. Wir stimmten zu. Die Anlage wurde gebaut. Es war ein wichtiger Tag, als wir im Oktober 1992 die Filteranlage einweihten. Gutes, klares trinkbares Wasser ohne Krankheitserreger. Ein Fest für die ganze Missionsgemeinde und darüber hinaus. Wir haben die Anlage so groß gebaut, daß wir sie selbst nur zu dreißig Prozent nützen. Das andere Wasser können die Dorfbewohner zapfen. Eine Leitung führt zum Eingang des Missionsgeländes. Dort heißt es auf einer Tafel: Gutes Wasser für viele. Mir ist das auch zum Gleichnis geworden: Jesus verheißt denen, die an ihn glauben . . . »von des Leibe werden Ströme lebendigen Wassers fließen«. Hier in Saripalli ganz real sichtbar.

Schon einmal ist unser Missionsgelände in Saripalli in der Monsunzeit 1985 zur Rettung für viele Menschen geworden. Es hatte tagelang ungewöhnlich heftig geregnet, und das Wasser stieg ständig. Doch das waren die Menschen gewohnt. Die jährlichen Überschwemmungen ertrug man mit Gleichmut, was konnte man schon dagegen tun? Doch in diesem Jahr wurde es dramatisch. Ein Staudamm, etwa 100 Kilometer entfernt, brach. Die Mauern hielten dem ungeheuren Druck des zum Bersten gefüllten Stausees nicht mehr stand. Eine riesige Wassermasse stürzte zu Tal, eine schreckliche Spur der Zerstörung und des Todes nach sich ziehend. Selbst in Saripalli überschwemmten die Wassermassen noch bis zu vier Meter hoch alles und brachten Verderben über die Menschen, bevor das Wasser ins Meer abfloß.

Wir hatten das Kinderheim mit ganz festen Fundamenten und Mauern gebaut. So hielt es dem Wasser stand, während fast das ganze Dorf zerstört wurde. Es gab viele Tote. Die Kinder, die Lehrlinge und Joseph mit seiner Familie retteten sich auf das Flachdach. Viele Menschen suchten mit ihnen dort Zuflucht. Drei Tage und drei Nächte lang mußten sie dort ausharren, umschlossen von der Flut. Dann kamen Boote aus Narsapur. Paul, der ältere Bruder Josephs, organisierte die Rettungsaktion.

»Wir dachten nicht mehr an Rettung«, erzählte Joseph später, »viele Kinder weinten vor Angst. Aber wir beteten, sangen Jesuslieder und gaben die Hoffnung nicht auf. Schlimm waren die Schlangen. Das Wasser hatte sie aus ihren Schlupfwinkeln getrieben, und sie krochen an der Mauer hoch. Ständig mußten wir Wache stehen und die Schlangen abwehren.«

Gott hat durchgeholfen. Für viele Menschen in Saripalli ist das Missionsgelände ein Rettungsort geworden. So fanden sie auch Zugang zur ewigen Rettung.

Auf eigenen Beinen stehen

Wir sind in Rajamundry. Mit strahlendem Lachen steht Jeevan vor seinem einfachen Laden mit dem Namensschild »Jeevan-electronic-shop«. Ich mußte ihn einfach fotografieren. Mit Pratab, dem Leiter unserer Elektronikwerkstatt, sind wir durch die Stadt gefahren. »Ich will euch zeigen, was aus unseren Lehrlingen wird«, hatte er angekündigt. Vorbei ging es an einem riesigen Steinbruch. Hunderte von Menschen arbeiteten da. Zuerst wurden große Brocken losgesprengt, die werden zerschlagen, so daß sie bewegt werden können. Andere zerspalten sie dann so weit, daß ein einzelner sie tragen kann. Dann sitzen Menschen in langen Reihen, Männer, viele Frauen, Kinder. Die Steine werden immer kleiner geschlagen, bis schließlich feiner Schotter daliegt. Es ist härteste Schwerstarbeit, aber Menschenkraft ist in Indien billig. Wenigstens können die Leute etwa fünf Rupien pro gefülltem Korb Schotter verdienen. Das Hämmern und Schlagen ist ohrenbetäubend, dazwischen der Knall der Sprengungen. »Oft werden Menschen von herumfliegenden Splittern verletzt«, erzählt Pratab, »durch den ständigen Staub werden auch die Lungen angegriffen. Lange kann man diese Arbeit nicht tun«, fährt er fort. »Aber was soll man machen?«, hilflos zuckt er die Achseln.

Dann hielten wir und standen vor Jeevans Shop. Jeevan kommt aus einer kinderreichen Familie. Schon ganz früh mußte er mithelfen, den Lebensunterhalt zu verdienen. Manchmal bettelte er. An einen Schulbesuch oder eine Ausbildung war nicht zu denken, seine Arbeitskraft wurde gebraucht. Er gehörte zu den vielen Straßenkindern in Rajamundry und seine Zukunft sah düster aus, ohne jede Hoffnung. Er würde wohl auch im Steinbruch enden und nach einigen Jahren ausgelaugt, kaputt sein.

Jeevan hörte von Pratabs Lehrwerkstatt. Er bewarb sich und wurde angenommen. Oft ist die Zahl derer, die bei uns lernen wollen, zehnmal größer, als wir Plätze haben. Wir müssen schweren Herzens eine Auswahl treffen. Gezielt geben wir aber auch solchen Jungen eine Chance, die keine geeignete Vorbildung haben. Jeevan war mit vollem Eifer dabei, lernte gut und hatte eine große praktische Begabung. Doch war seine Ausbildung nur möglich, weil wir auch seine Familie unterstützten, ihr die fehlende Arbeitskraft ausglichen.

Nach zwei Jahren hatte Jeevan ausgelernt. Er blieb noch ein Jahr in der Werkstatt und lernte weiter. Dann der große Schritt: Er erbat einen kleinen Kredit. Pratab hatte keine Bedenken. Jeevan eröffnete seinen eigenen Shop, das Geschäft lief zögernd an. Doch Radios, Fernsehen und Videoapparate sind bei den reichen Leuten der große Renner, und die gehen eben auch kaputt. Mit seiner soliden Arbeit gewann Jeevan viel Vertrauen, er hat geschickte Hände, und heute läuft sein »Betrieb«. Er hat sogar das Darlehen zurückgezahlt. Jeevan ist verheiratet, hat auch schon Kinder. »Ich kann meine Familie selbst ernähren«, sagt er stolz, »sogar die Eltern noch unterstützen.« Jeevan steht nun auf eigenen Beinen.

»Nicht immer gelingt es so«, meint Pratab nachdenklich, »manche Lehrlinge geben bei der harten Ausbildung auf oder kommen nachher nicht hoch. Aber das ist und bleibt unser Ziel, daß junge Leute ihr Leben in die eigene Hand nehmen können.«

Jeevan hat bei den täglichen Andachten in der Lehrwerkstatt auch das Evangelium deutlich gehört. Wir bedrängen die jungen Leute aber nicht, Jeevan ist weiter offen. Er ist nicht getauft, aber er kommt öfters zu den Gottesdiensten. Darum bitten wir, daß er nicht nur sein eigenes Leben in die Hand nimmt, sondern daß er sein Leben bewußt Jesus Christus anvertraut.

Ramanah wird Evangelist

Mohan, der Busfahrer, haßt diese Strecke: 320 km von Narsipatnam nach Badrachalam. Das bedeutet mindestens zehn Stunden hinter dem Steuer des klapprigen roten Busses – und gleich am Anfang eine endlose Kurbelei durch die engen Haarnadelkurven der Paßstraße. Fast 1000 Höhenmeter sind von der Küstenebene durch die Eastern Ghats hinauf ins Hochland zu überwinden. Es ist eine elende Plackerei, und er muß noch mehr als sonst aufpassen. Die Straße ist so eng, daß kein anderer Bus oder Lastwagen an seiner Karre vorbeikommt. Immer wieder heißt es anhalten und zurückstoßen bis zu einer Ausweichstelle.

Endlich ist er an der Lothogudu-Kreuzung, jetzt ist das Schlimmste vorbei. Noch eine Stunde durch die schattigen Kaffeeplantagen hier oben, dann wird er in Gudem sein, wo er Rast machen will, wie jedesmal, wenn er diese Strecke fährt. Er freut sich schon auf den Chapatti, das mit Gemüse gefüllte Fladenbrot, und dazu einen Tee.

In einer Staubwolke kommt der Bus vor dem Straßenrestaurant Ramanahs zum Stehen. »'ne halbe Stunde Pause«, ruft Mohan nach hinten, steigt mit steifen Knochen aus und verschwindet unter dem weit herabgezogenen Blätterdach der Imbißhütte. »Hallo, hier bin ich«, ruft er, »der alte Mohan hat seine Kiste mal wieder den Berg raufgebracht, aber jetzt hat er 'nen Mordshunger!« Mohans joviale Begrüßung findet kein Echo. Ihm fällt auf, daß außer ihm überhaupt keine Gäste da sind. »He, Ramanah, wo steckst du, altes Haus, Mohan ist hier!« versucht er es noch einmal.

Varalakshmi, Ramanahs Frau, kommt aus der Küche. »Ach du bist es, Mohan«, sagt sie mürrisch. »Ach du bist es, Mohan«, äfft er sie nach. »Das ist mir ja 'ne schöne Begrüßung. Was ist denn hier eigentlich los, wo steckt denn mein alter Ramanah?«

»Ramanah, Ramanah«, giftet sie zurück. »Wo wird er wohl sein, dein alter Kumpel Ramanah? Heut ist Sonntag, wie du vielleicht weißt, und am Sonntag, da arbeitet der feine Herr Ramanah nicht, da geht er zu seinen Christenfreunden in die windschiefe Hütte droben an der Straße, die sie Kirche nennen. Müßtest ihn eigentlich gesehen haben beim Vorbeifahren, deinen Freund Ramanah! Schon vor einer Stunde ist er gegangen und wie er sich feingemacht hat, der Herr Ramanah! Und falls du es noch nicht weißt, dein alter Kumpel Ramanah will sich heute taufen lassen!«

Mohan schaut sie ungläubig an. »Ramanah will sich taufen lassen? Dann würde er ja ganz zu diesen Christen gehören! Das darf doch nicht wahr sein! Ich hab' immer gedacht, das wäre so ein Tick von ihm, das ginge auch wieder vorbei! Ramanah ein Christ – das gibt's doch gar nicht!«

Doch, das gibt's. Ramanah hat sich taufen lassen an diesem Sonntagmorgen, am Neujahrstag 1984.

Mit einer kleinen Gruppe von Freunden unseres Werkes waren Heiko und ich am zweiten Weihnachtstag nach Indien geflogen. Singh hatte uns mit hinaufgenommen in die Siler Berge, wo unsere Missionsarbeit ihre Anfänge nahm und bis heute ihren Schwerpunkt hat. Er wohnte damals mit seiner Frau Regina und ihren beiden Mädchen Karouna und Diany in Sileru, dem einzigen größeren Städtchen dieser abgelegenen Gegend. Hier ist unser kleines Missionszentrum mit einem Kinderheim entstanden, eine Bibelschule ist im Bau und soll bald eröffnet werden.

Den Jahreswechsel hatten wir mit einem Gottesdienst zusammen mit den Kinderheimkindern und der Gemeinde in der kleinen Kirche von Sileru begangen. Am Neujahrstag fuhr Singh mit uns nach Gudem, diesem kleinen Ort am Ende der Kaffeeplantagen. Pastor Israel hatte dort eine kleine Gemeinde versammelt, die ersten davon wollten sich an diesem Morgen taufen lassen.

In Gudem angekommen, stellt uns Singh die Taufbewerber vor, und mit einem unterhalten wir uns ausführlich, mit Ramanah. Er ist 33 Jahre alt, verheiratet und hat fünf Kinder. Sein Geschäft, der Imbiß an der Durchgangsstraße, läuft gut, die Poststelle des Dorfes verwaltet er auch. Alle seine Kinder hat er mitgebracht, eines von den Kleinen, das Husten und Fieber hat, trägt er die ganze Zeit auf dem Arm. Ja, er wolle nun ganz ernst machen mit dem Christsein, erzählt er. Aber wie er das sagt, kommen ihm fast die Tränen. »Wißt ihr, meine Frau will gar nichts davon wissen, sie ist auch heute nicht mitgekommen. Wie das in unserer Familie weitergeht, weiß ich nicht. Ich weiß auch nicht, ob die Leute weiter bei mir essen werden, wenn sie wissen, daß ich Christ bin; und ob ich die Post behalten kann, ist auch noch nicht sicher.«

Ramanah hat keinerlei Vorteile, wenn er sich taufen läßt, dafür eine Menge Probleme beruflicher und familiärer Art. »Aber Jesus bedeutet mir mehr als alles andere, ich will mich nun auch in aller Öffentlichkeit zu ihm bekennen«, sagt er noch.

Wir gehen zusammen in die kleine Kirche hinein, es ist tatsächlich eher eine Hütte, der letzte Monsun hat sie arg mitgenommen. Aber es ist eine Kirche, die wertvoller

ausgestattet ist, als manches schön renovierte Gottes-
haus bei uns in Deutschland: Sie ist voller Menschen. An
die 80 drängen sich in dem kleinen Raum auf dem Boden
sitzend zusammen. Sie singen und beten, von Trommeln
begleitet, und sind hier als Gemeinde Jesu Christi beiein-
ander. Ganz vorne sitzen die Taufbewerber.

Ich soll die Taufpredigt halten und merke, wie wenig in
dieser Situation alle hochgestochenen Sätze tragen. Sie
gehen über die Köpfe der Menschen hinweg, und das
wird nicht nur hier in Indien, in diesem Dschungeldorf so
sein. Aber die elementaren Geschichten des Neuen
Testaments, die Geschichte vom Kämmerer aus Apostelgeschichte 8, die Geschichte der Lydia aus Apostelgeschichte 16, das sind ihre Geschichten, da finden sie sich
wieder, die erzähle ich. Und das unerschöpfliche Bild
darin, die Wirklichkeit des Wassers in seiner bedrohen-
den und rettenden Funktion, die kennen diese Menschen
hier auch.

Nach diesem ersten Teil des Gottesdienstes gehen wir
alle in einem langen Zug singend durchs ganze Dorf
hinunter zum Fluß. Natürlich erregt das Aufsehen in
Gudem. Wie auf der ganzen Welt sind es die Kinder, die
sich unbefangen anschließen und einfach mitgehen. Die
Erwachsenen tun sich viel schwerer. Sie halten Abstand,
aber viele gehen hinterher, um zu sehen, was da ge-
schieht, vielleicht auch, um Ramanah zu sehen, den sie ja
alle kennen und der jetzt bei den Christen ist.

Singh und Heiko stellen sich mitten in den kleinen
Fluß. Singh spricht ein Gebet, dann werden die Täuflinge
von anderen Gemeindegliedern ins Wasser begleitet.
Singh stellt jedem einzelnen die Tauffragen: Ob sie auf
den Namen des dreieinigen Gottes getauft werden wollen, ob sie Jesus, dem gekreuzigten und auferstandenen

Herrn ihr ganzes Leben anvertrauen wollen, ob sie bereit sind zur Treue in der Nachfolge. Sie antworten darauf mit ihrem Ja und werden ganz im Wasser untergetaucht. Währenddessen stimmen die anderen Christen immer wieder Lieder an, einzelne beten laut oder lesen Worte aus der Bibel vor. So wird aus der Taufe zugleich eine Evangelisation für alle, die dabei sind.

Anschließend gehen wir wieder hinauf zur Kirche, und der Gottesdienst findet dort seine Fortsetzung. Heiko ist nun mit predigen dran; anhand von Apostelgeschichte 2, 42, den vier Kennzeichen eines Christenlebens, gibt er besonders den Neugetauften Wegweisung fürs Wachstum im Glauben. Es ist schon drei Uhr nachmittags, als der Gottesdienst zu Ende geht, er hat vier Stunden gedauert. Ramanah hat eine große Dose Kekse mitgebracht, die nun an alle verteilt werden.

Uns lädt er noch zu sich ein. Er will uns gerne seiner Frau vorstellen, aber die ist nirgends zu finden. So serviert er uns eine besondere Spezialität dieser Gegend, eine Art süßen, warmen Reisbrei, der aus Trinkbechern geschlürft wird und köstlich schmeckt. Wir umarmen uns, als wir wegfahren. Wie es wohl weitergehen wird mit Ramanah?

Ziemlich regelmäßig besuchen Mitglieder vom Vorstand der Indienmission unsere Geschwister in Indien. Heiko und ich sind alle zwei Jahre dran, und im März 1986 fahren wir wieder nach Sileru hinauf. »He, Singh, dieser Ort da vorne, das ist doch Gudem, hier wohnt doch Ramanah«, rief ich von hinten im Auto nach vorne. »Aber dann müßte doch hier die Kirche sein, die war doch gleich am Ortseingang, oder irre ich mich?« »Nein, du hast schon recht,« sagt Singh, »aber die Kirche gibt's nicht mehr.« – »Was heißt denn das, die Kirche gibt's nicht mehr?« – »Ja, hier ist etwas Trauriges passiert. Der Pastor, der diese Gemeinde hier aufgebaut hat, der hat uns alle sehr enttäuscht. Er arbeitet nicht mehr mit uns, die Gemeinde hat niemand mehr, der sich richtig um sie kümmert, die Kirche mußten sie auch aufgeben.« – »Und was ist mit den Christen hier, kommen sie noch zusammen – und übrigens, was macht Ramanah?« – »Das wirst du gleich sehen, wir sind ja schon bei ihm!«

Wir steigen aus und liegen gleich dem freudig überraschten Ramanah in den Armen. Er lacht und freut sich riesig, daß wir ihn besuchen. Er führt uns hinein, nicht in den Gastraum, sondern ins Wohnzimmer der Familie. Für unsere Verhältnisse ist es ziemlich karg ausgestattet, für diese Dschungelgegend zeugt es aber bereits von einigem Wohlstand. Zumindest äußerlich scheint es Ramanah gutzugehen. Natürlich müssen wir was essen und wenn's nur ein paar Bananen sind. Die Kinder sind größer geworden, und diesmal ist auch Varalakshmi, seine Frau da, um uns zu begrüßen. Ramanah erzählt, daß sie seinem Glauben jetzt nicht mehr so ablehnend gegenüberstehe. »Bei uns ist jetzt auch der Gottesdienst, wir haben ja keine Kirche mehr«, sagt er. »Kommt mit, das müßt ihr sehen.« Er führt uns zu einem Anbau hinterm Haus: »Hier zeige ich abends oft Videofilme.« Mich wundert das nicht, denn Indien ist ein filmverrücktes Land. In Bombay werden mehr Filme produziert als in Hollywood, und das größte Gebäude in einer Stadt ist meistens das Kino. Der geschäftstüchtige Ramanah hat also ein Video-Kino aufgemacht. »Und sonntags halten wir hier Gottesdienst«, lacht er. »Aber auf Dauer ist das nichts, wir sind dabei, wieder eine kleine Kirche aufzubauen, das Land dafür haben wir schon in Aussicht.«

1988 im Februar führt uns ein strahlender Ramanah

vor ein kleines Kirchlein, diesmal am anderen Ende seines Dorfes. Singh erzählt, daß die Gemeinde für das Land und die Lehmmauern selbst aufgekommen ist, nur das Wellblechdach kam von der Mission. Ramanah berichtet, daß er jetzt Verantwortung als Gemeindeältester übernommen hat, obwohl – und hier legt sich wieder jener dunkle Schatten über sein Gesicht – obwohl seine Frau wieder ganz ablehnend sei. Er hat dennoch weitere Pläne: Im neuen, nun größeren Missionszentrum in der Nähe der Küstenstadt Vishakapatnam, da gibt es seit kurzem nicht nur die dreijährige Ausbildung für Evangelisten, sondern auch Sechswochenkurse für Leute wie ihn. Er wolle einfach mehr über seinen Glauben wissen, um ihn noch besser weitergeben zu können.

Es ist Januar 1991 geworden, bis wir wieder nach Indien kommen. Schwerpunkt ist diesmal eine mehrtägige Großevangelisation im Missionszentrum, zu der bis zu viertausend Menschen kommen. Ein riesiges Blätterdach ist zum Schutz gegen die Sonne aufgebaut, darunter finden die Versammlungen statt, da schlafen die Leute auf Reisstroh, da essen sie die einfachen Mahlzeiten, die von einem Küchenteam andauernd in gewaltigen Kesseln gekocht werden. Es ist überwältigend, mit welchem Interesse, mit welcher Ausdauer diese Menschen Gottes Wort hören und in sich aufnehmen.

Vertreter von christlichen Gruppen aus der ganzen Stadt sind mit dabei. Das war uns sehr wichtig, daß die Arbeit von UCIM (United Christian Interior Mission – Vereinigte christliche Inland-Mission) und ihrer neuen Gemeinden, zu denen nun über 15 000 Getaufte zählen, auch die Gemeinschaft mit anderen Christen und Kirchen findet. Sogar der Bischof der südindischen Kirche in Andhra-Pradesch ist aus Vijawarda gekommen, um

Singh als Präsidenten und als Missionsbischof von UCIM einzuführen.

Am letzten Tag der Evangelisation findet ein festlicher Gottesdienst statt, in dem die Bibelschüler ihre Diplome erhalten. Ganz nach englischer Tradition, die in Indien immer noch tiefe Wurzeln hat, tragen sie dazu schwarze Talare und eine Art Barett. Es ist wichtig, auch durch solche Äußerlichkeiten zu zeigen, daß sie eine anerkannte Ausbildung absolviert haben. Aber nicht nur 18 Bibelschüler, auch 20 Evangelisten von den Sechswochenkursen bekommen ein Zertifikat über ihr Lernen. Wir staunen nicht schlecht, als uns ein wohlbekanntes Gesicht unter jenen 20 anstrahlt: Ramanah, mit berechtigtem Stolz auf seine neue Würde. Er will hauptamtlicher Evangelist werden. Dazu wird er einige Zeit bei einem erfahrenen Pastor arbeiten und dann eine eigene Gemeinde in einem Dorf übernehmen.

Seine Imbißstube kann er nicht mehr weiterführen, denn seine Frau hat ihn mittlerweile verlassen und lebt mit einem anderen Mann zusammen. Das liegt als schwere Last auf ihm. Seine Kinder sind aber bei ihm geblieben, und sein Ältester hat sich auch auf der Bibelschule angemeldet.

Ganz kurz sind wir uns im Herbst 1992 noch einmal begegnet, da war er bereits selbst für eine Gemeinde nicht weit von Gudem verantwortlich. Ramanah ist jetzt Evangelist.

Sundar Singhs Geschichte

Es war in der Nacht, als wir in Goraluru waren und offensichtlich nur knapp einem Anschlag der Terroristen entkommen waren. Wir warteten auf das Boot am Ufer des Flusses Siler. Sundar Singh war bei unserer kleinen Gruppe geblieben. Sundar Singh und Singh Komanapalli kennen sich schon lange, aber erst seit drei Jahren arbeitet er bei UCIM, wie der missionarische Zweig unserer Arbeit in Indien heißt. Ich hatte ein kleines Tonbandgerät dabei und bat ihn, seine Geschichte zu erzählen. Sie ist hier ziemlich genauso wiedergegeben, wie er sie in dieser Nacht berichtet hat:

»Ich komme aus Narsapur wie Singh; wir kennen uns von klein auf und sind Freunde. Nach Schule und College war ich Baumeister in Hyderabad. Das war eine selbständige Stellung, bei der andere unter mir gearbeitet haben.

In der Gegend von Hyderabad gibt es einen Stamm, so eine Art von Zigeunern, die Lambadis. Ich habe meinen Freund Singh gebeten, doch auch unter diesen Leuten zu arbeiten. Er ist gekommen und hat begonnen, ihnen von Jesus zu erzählen. Es war ungeheuer wichtig für sie. Die anderen Menschen verachten sie zutiefst, sie sagen: Das sind keine Menschen, das sind nur Hunde. Und nun hörten sie, daß auch sie wichtig sind, daß Jesus sie liebhat.

Singh hat mich damals gefragt, ob ich ihm nicht bei den Bauarbeiten für die Mission helfen könnte, damit war ich einverstanden. Mein erster Auftrag war schwierig: In dem von Überschwemmungen bedrohten Dorf Komanapalli sollte eine Schutzkirche gebaut werden. Das war eine Prüfung für mich. Von weit her mußten alle Materialien geholt werden. Ich habe fast ein Vierteljahr dort gelebt, und jetzt bin ich überall dabei, wenn gebaut wird.«

Singh, der zugehört hat, ergänzt, was Sundar in seiner Bescheidenheit nicht erwähnt hat: »Er ist jetzt mein Geschäftsführer. Er macht Pläne für alles, redet mit den Handwerkern, handelt wegen des Materials, prüft die Qualität, vergleicht die Preise. Er sagt mir, was für Vor- und Nachteile es gibt, und wir entscheiden dann gemeinsam.«

Sundar erzählt auch von seiner Familie, er ist verheiratet und hat drei Kinder. Seine älteste Tochter ist mongoloid und schwer körperlich und geistig behindert. Seine Frau gibt sich viel Mühe mit ihr, sie kann sie aber nie allein lassen. »Ich komme, so oft ich kann nach Hause, aber manchmal bin ich auch tage- oder wochenlang unterwegs, um bei den Kirchbauten und den anderen Sachen nach dem Rechten zu sehen.«

Und mit leiser Stimme fährt er fort: »Einmal bin ich fast nicht mehr nach Hause gekommen.« Er zeigt mit dem Arm hinüber ans andere Flußufer. »Dort ist es passiert. Nie mehr werde ich diese Stelle und den 20. Mai 1991 vergessen. Es ist übrigens heute das erstemal, daß ich wieder eine größere Strecke zu Fuß gegangen bin. Ich hab manchmal geglaubt, ich würde das nie wieder tun können. Aber nun der Reihe nach:

Ich war mit dem Neubau der kleinen Klinik in Sileru beschäftigt, daneben beaufsichtigte ich auch den Kirchbau in Anandapalli auf dieser Seite des Flusses in Orissa. Dort hatte ich bei einer christlichen Familie übernachtet, Radshekar, unser Bibelschulleiter, war auch dabei. Mit meinem Motorrad fuhren wir zurück. Ich fuhr schnell, weil ich den Arbeitern an der Klinik noch den Tageslohn auszahlen wollte.

Acht Kilometer vor Sileru geht eine Brücke über einen Nebenfluß des Siler. Radshekar, der hinter mir sitzt, tippt mich an die Schulter und deutet zum Fluß hinunter. Dort sind zwei Tiger, die trinken. Ich weiß, daß es hier noch Tiger gibt, aber bei Tag hab' ich noch nie welche gesehen. Ich lasse mich von ihnen für einen Augenblick ablenken und achte nicht auf die scharfe Kurve vor mir. Und dann ging alles sehr schnell: Ich fuhr geradeaus weiter ins Dickicht. Äste schlugen mir gegen den Kopf und verletzten mich stark an der Stirn, das Motorrad fiel auf mich, beide Beine waren gebrochen und auch ein Arm. Dazu hatte ich schwere, starkblutende Verletzungen am Unterleib und einen Schock.

Ich kroch dennoch zurück zur Straße, es war noch nicht ganz dunkel. Gehen konnte ich nicht mehr. Radshekar, dem nichts passiert war, lief zum nächsten Dorf, um Hilfe zu holen. Ich sah, daß viel Blut auf der Straße lag, und hatte Angst, daß die Tiger kämen, wenn sie das Blut rochen. Ich nahm das Messer zur Hand, das ich zum Schutz gegen wilde Tiere immer bei mir trage. Mein Gefühl änderte sich, ich bekam großen Durst und meinte, sterben zu müssen. Ich fragte: WARUM? Was habe ich für Fehler gemacht? Ich bin doch hierher in den Dschungel gekommen, um für Gott zu arbeiten! Gott, warum hast du mich so verletzt, habe ich geschrien. Ich schrie laut und betete: Gott, wenn du wirklich lebst, dann schick doch ein Auto. Ich wartete auf Radshekar, um ihm wenigstens noch meine letzten Worte sagen zu können.

Dann kam ein Mann, der die Kilometersteine neu

anstreicht. Er nahm ein Handtuch und brachte damit Wasser vom Fluß, um mich wenigstens ein bißchen von dem vielen Blut zu reinigen.

Die Straße hier ist nicht viel befahren, das wußte ich, aber es mußte doch irgendwann ein Auto vorbeikommen. Ein Auto könnte mich nach Sileru bringen, im Regierungskrankenhaus könnte man mir doch helfen.

Endlich Motorengeräusche – ein Lastwagen kommt. Der Fahrer will gar nicht anhalten, er denkt, die Terroristen hätten mich überfallen oder das ganze sei vielleicht eine Falle. Doch dann erkennt er, daß ich der Bauleiter von der Klinik bin. Trotzdem will er mich nicht ins staatliche Krankenhaus von Sileru bringen. Er meint, das gäbe nur Probleme mit der Polizei und wollte mich auf der Straße liegenlassen. Aber als ich sagte, ich sei doch wegen der Kirche und der Klinik hier, hat er mich doch mitgenommen.

Der Arzt im staatlichen Krankenhaus wollte mich nicht behandeln, weil ich so schwer verletzt war. Er meinte wohl, ich würde bald sterben und man würde ihm die Schuld dafür geben, deshalb hat er gar nichts gemacht. Im Herzen hab ich gebetet: Herr, du allein kannst mich retten. Ich habe auch gebetet: Herr, vergib mir meine Sünde.

Unsere Gemeindeglieder in Sileru haben gleich nach Vizag angerufen. Von dort aus hat man das Missionskrankenhaus in Kondalaagraharam verständigt. Unsere Leute haben auch die Polizei geholt, die dem Krankenhaus bestätigt hat, daß ich zur Kirche gehöre. Aber man gab mir trotzdem keine Medikamente und half mir nicht.

Der Arzt sagte, man müsse mich nach Vizag bringen, ich hatte keine Hoffnung mehr. Es war nur Gottes

Gnade, daß ich die letzten acht Stunden überhaupt überlebt hatte.

Dann kam noch etwas dazu, was alles noch schwieriger machte: An diesem Tag war Rajiv Gandhi in Madras einem Bombenattentat erlegen. Alle Straßen waren blockiert, kein Auto durfte mehr fahren. Durch Gottes Gnade aber kam morgens um fünf Uhr doch ein Auto aus Vizag, um mich abzuholen. Auf dem Rückweg wurde das Auto immer wieder von steinewerfenden Leuten angegriffen, sie ließen uns aber doch durch. Auf dem Weg wollten sie mir einen Kaffee geben. Unser Pastor hat mich begleitet; er hat gesagt, es steht sehr schlecht um dich. Ich war fast bewußtlos.

Inzwischen hatte auch Jeevan, der Leiter unseres Missionskrankenhauses, die Nachricht bekommen. Er kam uns mit einem Krankenwagen entgegen. Da haben sie mir schnell auf der Straße erste Hilfe gegeben und Spritzen und mich ohne Schmerzen nach Kondalaagraharam gebracht. Aber auf so schwere innere Verletzungen sind sie dort nicht eingerichtet, sie fuhren deshalb weiter mit mir ins Krankenhaus der nächstgrößeren Stadt, nach Anakapalli. Die Mitarbeiter vom Missionskrankenhaus haben viel geholfen, als ich in Anakapalli lag. Meine Frau und meine Kinder sind auch von Vizag gekommen, um mich zu besuchen. Eine Woche war ich dort, wurde aber nicht behandelt. Dann hat Singh es geschafft, mich nach Vizag zu verlegen, und hier endlich haben sich die Ärzte richtig um mich gekümmert.

Drei Monate war ich im Krankenhaus und habe oft keine Hoffnung mehr gehabt. Jetzt freue ich mich, daß ich dieses Zeugnis nach unserem Marsch durch den Dschungel sagen darf. Ich möchte meinen Körper und alles nur zu Gottes Ehre geben. Nach dem Unfall bin ich nie mehr so weit gelaufen wie heute. Mein Körper macht noch nicht wieder richtig mit. Aber für Gott etwas zu tun, gibt mir die Kraft zu laufen. Ich will auch mein restliches Leben zu seiner Ehre leben und seine Kraft haben.«

Wie alles begann

Bibelstunde im CVJM Sindelfingen im Advent 1968. Der damalige Jugendwart im Evangelischen Jungmännerwerk in Württemberg, Karl Ramsayer, legt einen Bibeltext aus. Unter den Zuhörern fiel ihm ein Gesicht auf. Ein neues Gesicht, anders als die übrigen, tiefbraun. Nachher bei der Verabschiedung fragte er den jungen Mann: »Wo kommen Sie her?« – »Aus Indien«, war die Antwort. »Ich will hier in Deutschland Maschinenbau studieren und mache zur Zeit ein Praktikum bei einem großen Sindelfinger Betrieb.« Es wurde ein ausführliches Gespräch. Der junge Inder – Jawa Komanapalli war sein Name – kam aus Südindien. Aus Narsapur im Bundesstaat Andhra-Pradesch. Seine Familie war schon seit drei Generationen christlich. So hatte er auch in Deutschland eine christliche Gemeinschaft gesucht und den CVJM in Sindelfingen »entdeckt«.

»Wo werden Sie über die Weihnachtsfeiertage sein?« fragte Karl Ramsayer gegen Ende des Gespräches. »Ich weiß noch nicht«, meinte der junge Inder etwas traurig. »Kommen Sie doch über die Feiertage zu uns, meine Frau würde sich sicher freuen«, lud ihn Karl spontan ein. Und Jawa kam. Er erlebte mit Ramsayers ein fröhliches deutsches Christfest. Aus diesem ersten Besuch wuchs schnell eine tiefe Verbindung. Schließlich zog Jawa bei Karl und Irmgard ein. Sie hatten im Oberstock ihrer Wohnung ein freies Gästezimmer. »Was sollst du soviel Geld für Miete ausgeben. Wir nehmen dich gerne auf.« Jawa wurde wie ein eigener Sohn. Ramsayers freuten sich, sie haben keine eigenen Kinder.

Jawa Komanapalli schrieb seinem Vater in Indien von dieser herzlichen Gastfreundschaft, was das für eine große Hilfe und Ermutigung sei. Vater Kripanandam Komanapalli wurde sehr nachdenklich. Seinem Sohn wurde in Deutschland soviel Hilfe und Liebe gewährt. Er faßte einen Entschluß, er wollte fünf Kinder in sein Haus aufnehmen und ihnen helfen. Die Not gerade vieler Kinder in Indien ist oft unvorstellbar groß. Viele wachsen in größter Armut auf, die Eltern können sie nicht ernähren, geschweige denn eine Ausbildung finanzieren. Die Kinder liegen buchstäblich auf der Straße, vegetieren dahin, werden oft kriminell. Im nackten Überlebenskampf werden sie zu Dieben und Räubern, unbarmherzig von der Polizei gejagt. Mitleid kennt der Hinduismus nicht. Das Schicksal dieser Kinder bis zu einem schlimmen Ende ist vorgezeichnet.

Fünf Buben lebten nun in einer einfachen Hütte, versorgt von einem Warden (engl.: Betreuer), bei Vater Komanapalli. 1970 besuchten Karl und Irmgard Ramsayer zusammen mit Jawa Indien. Die Not bewegte sie tief, besonders die Not der Kinder. Nach ihrer Rückkehr berichteten sie von ihren erschütternden Eindrücken. Ein kleiner, zunächst privater Kreis von Christen legte Geld zusammen. Damit sollte weitere Hilfe für mehr Kinder möglich sein. Das war die Geburtsstunde des ersten Kinderheimes unserer Indien-Inland-Mission/ Kinderheime Nethanja Narsapur. »Nethanja« so nannte Karl Ramsayer dieses erste Kinderheim. Nethanja heißt: Der Herr hat gegeben. Die ganze Arbeit sollte ein Glaubenswerk sein und bleiben.

Zu den ersten fünf Buben kamen immer mehr. Heute sind über 100 Buben im Kinderheim Narsapur. Längst ist die Hütte einem solide gebauten, geräumigen Haus gewichen. Andere Kinderheime kamen dazu. Heute haben wir sieben Kinderheime mit über 500 Kindern, Buben und – für indische Verhältnisse ungewohnt – auch Mädchen; außerdem Schulen, Werkstätten und Ausbildungszentren. Über 700 Kinder betreuen wir in Kindertagesstätten, besonders in den Dschungeldörfern.

In Deutschland wurde ein gemeinnütziger Verein gegründet. Immer mehr Christen gaben ihre Opfer für diese Arbeit. Heute sind es circa 2500 Christen, die diesen Dienst mitragen. Nethanja, der Herr hat gegeben. Wir sind gespannt, wie Gott weiter geben und weiter wachsen lassen wird.

Am Beginn dieser heute so großen Arbeit stand schlichter Gehorsam. Kein heroischer Entschluß oder eine Planungskonferenz. Karl Ramsayer handelte damals nach dem schlichten Bibelwort: »Gastfrei zu sein, vergesset nicht!« Und dann: »Laßt uns Gutes tun, allermeist aber an des Glaubens Genossen.« Aus diesem einfachen Gehorsam gegen die guten Weisungen Jesu Christi entstand solche Frucht. Eine Ermutigung für uns alle. Gott segnet, wo wir seinem Wort Vertrauen schenken und gehorchen.

Wie alles weiterging

Fünf Jahre bestand das Kinderheim in Narsapur, es war damals schon kräftig gewachsen. Vater Komanapalli, der es mit Karl Ramsayer zusammen gegründet hatte, war aber selten daheim. Er war ein erfolgreicher Geschäftsmann und ein sehr geachteter Mann. Er war mit dem Befreier Indiens, Gandhi, zusammen im politischen Freiheitskampf der 40er Jahre tätig und saß zweimal mit ihm zusammen in britischen Gefängnissen. Nach der Unabhängigkeit wurde er Präsident des ersten freien Parlaments in Indien, doch er hatte sich nach Gandhis Tod ganz aus der Politik zurückgezogen. Er ging ganz in seinen Geschäften auf und verdiente viel Geld dabei. Gewiß, er war Christ, hatte es in der Hindugesellschaft nicht leicht, aber gerade deswegen wollte er es auch allen zeigen. Er war Christ, aber prägende Bedeutung hatte das für ihn nicht, noch nicht.

Da wurde er krank, schwer krank, er war 65 Jahre alt. Die Familie, die sechs Söhne, die Tochter und die Ehefrau standen an seinem Bett. Die behandelnden Ärzte eröffneten ihnen: »Wir können nichts mehr tun, er wird wohl die nächste Nacht nicht überleben.« Vater Komanapalli erzählt später: »Ich lag auf meinem Bett, war dieser Welt schon wie entrückt und doch noch ganz da. Sehen konnte ich nicht mehr, auch nicht reden oder mich bewegen. Aber ich hörte die Stimmen meiner Familie und auch ganz genau, was die beiden Ärzte ihnen sagten. Ich erschrak bei ihrer Diagnose ganz tief. Das also war das Ende!? Ich betete zum Herrn: ›Herr Jesus, wenn ich jetzt sterbe, habe ich in meinem Leben nichts für dich getan. Ich bitte dich, gib mir noch einige Jahre. Ich will mein Geschäft ganz aufgeben und nur noch für dich dasein‹, so war sein Versprechen an Gott. Und Gott erhörte das Gebet. Nach drei Tagen stand ich von meinem Bett auf und war wieder ganz gesund. Es war für die Ärzte ein unfaßbares Wunder.«

Vater Komanapalli machte sein Gelübde wahr, er gab seine Geschäfte auf. Bei einem Besuch bei seinem Bruder, der am Rande des Dschungels von Siler lebte, zeigte ihm Gott seinen Dienstort: Den Dschungel des Siler-Gebietes. Diese Gegend – etwa von der Größe Baden-Württembergs – war bis Ende der sechziger Jahre ein völlig unerschlossenes Gebiet. Es war ein weißer Fleck auf der Landkarte. Man wußte, daß dort Menschen leben, primitiv, fast auf der Stufe der Steinzeit. Die damalige UdSSR hatte Indien ein Entwicklungsprojekt zugesagt und baute mitten im Siler-Dschungel am Fluß Siler ein Kraftwerk. Dazu mußte zuerst eine Straße gebaut werden. Sie durchquert den ganzen Dschungel von Siler. Damit wurde das Dschungelgebiet erschlossen. Vater Komanapalli sah es als seinen Auftrag an, den Zehntausenden von »Eingeborenen«, die dort leben, das Evangelium zu verkünden. Und er begann mit diesem Dienst, erst ganz allein, dann mit zwei Mitarbeitern.

Im April 1977 war ich mit Vater Komanapalli zum erstenmal im Siler-Dschungel. Die evangelistische Arbeit war kaum 1 1/2 Jahre alt. Ich konnte in Nangampadu den »Grundstein« für eine erste Kirche legen, eigentlich ein »Grundpfahl«. Die Dschungelleute hatten ein tiefes Loch gegraben, und dort wurde ein dickes Bambusrohr eingegraben – der Mittelpfeiler der Kirche. Das war früh am Morgen. Am Nachmittag stand das Rohgerüst der Kirche, alles aus Bambus und Palmfasern, und am

Abend war Einweihungsgottesdienst. Die erste Kirche im Dschungel von Siler, die ersten Taufbewerber. Gott segnet Gehorsam.

Unvergeßlich der Besuch in einem abgelegenen Dschungeldorf in diesen Tagen. Auch Vater Komanapalli ist es etwas beklommen zumute: »Ich weiß nie, wie die Leute reagieren, zumal jetzt ein Weißer – du – dabei ist«, meinte er. »Ich bin auch schon angegriffen und verjagt worden, aber Gott hat mich bewahrt«, berichtet er weiter. Dann das Dorf – als wir näher kommen, sehen wir, wie die Einwohner wegrennen. Unser Dolmetscher ruft ihnen nach, aber das Dorf ist menschenleer, als wir es betreten. Vorsichtig schauen wir uns um und bleiben auf dem Dorfplatz stehen. Nach einiger Zeit Bewegung am Dorfrand, einige Kinder nähern sich. Scheu, mit großen Augen starren sie uns an, wir bleiben ganz ruhig. Dann einige Frauen, sie sind doch zu neugierig. Schließlich kommen auch Männer, abwartend, Pfeil und Bogen in der Faust. Ich sehe sogar einige Steinäxte. Alle sind sie nackt, bis auf ein knappes Lendentuch. Viele Ringe durch Nase und Ohren, manche Frauen auch durch die Lippen.

Unser Dolmetscher redet die Leute freundlich an, übersetzt unsere Begrüßungsworte. Die Mienen bleiben unbewegt, einige Frauen kommen vorsichtig näher, eine ist ganz mutig. Sie macht den Finger naß und berührt meine Wange. »Ist die Farbe wirklich echt?« Inder möchten ja gerne weiß sein. Andere Frauen folgen ihrem Beispiel, eine reißt mir einige Haare aus, so weiße Haare hat sie noch nie gesehen. Ich bleibe freundlich, wehre aber weitere »Raubzüge« ab, denn schließlich will ich noch keine Glatze.

Die Sonne geht unter, die Dorfbewohner sammeln

sich um den riesigen Baum in der Dorfmitte und verneigen sich in Richtung Sonne. Ein eintöniger Singsang beginnt. Die Menschen hier im Dschungel sind Animisten; sie beten die Sonne, Bäume, Steine, Schlangen, Wasser etc. an. Noch ein kurzes Gespräch mit dem Dorfhäuptling: »Warum betet ihr zur Sonne?« meine Frage. »Die Sonne gibt Leben«, ist die kurze Antwort. »Und warum betet ihr zu diesem Baum?« will ich weiter wissen. Er antwortet ausführlicher: »Der Baum war schon, als mein Großvater jung war, er wird sein, wenn mein Enkel Großvater ist.« Der Baum verkörpert für diese Menschen »Ewigkeit«. Leben und Ewigkeit. Unsere Evangelisten verkündigen ihnen den, der von sich sagt: »Ich bin der Weg, die Wahrheit, das Leben . . .« Und ». . . wer an mich glaubt, der hat das ewige Leben«. Heute gibt es in diesem Dorf eine große christliche Gemeinde, viele Gemeinden im Dschungel von Siler und darüber hinaus. Eine eigene christliche Kirche mit mehr als 500 Evangelisten und Pastoren und rund 300 Gemeinden ist gewachsen.

Gott hat Vater Komanapalli noch 14 Jahre zugegeben. Im Oktober 1989 ist er heimgegangen, und seine Söhne führen die Arbeit weiter. »Lebensfrucht – Gehorsamsfrucht« – Nethanja, Gott hat gegeben.

Weitere Bücher von Heiko Krimmer

Per Du mit Gott
Gedanken zum Vaterunser
128 Seiten, Bestell-Nr. 056919

Ein besonderes Defizit unserer Zeit scheint auf dem Gebiet des Gebets zu liegen. Das liegt auch an der Hektik und dem Zeitmangel, man ist »zu« durch Tausende von Impulsen und Eindrücken. Aber es war schon immer so: derjenige, der es schafft, solchen problematischen Zeiterscheinungen entgegenzuwirken, entdeckt und erlebt Großes.
»Beten ist ein Reden des Herzens mit Gott« – so sagt es Martin Luther. Mit Gott selbst reden, das überwältigende Vorrecht der Christen. Jesus gibt uns im Vaterunser gezielte Anleitung zu diesem »Reden des Herzens«.
In diesem Buch werden die einzelnen Bitten des Vaterunsers entfaltet und ganz praktisch in unsere Wirklichkeit hineingestellt: Wir dürfen mit Gott per du sein. Ungekünstelt mit Gott reden, wie Kinder mit ihrem Vater. Alles sagen, denn er will hören.
Dabei will dieses Buch Ermutigung zu persönlichem Gebet geben und auch zum gemeinsamen Beten in der Gemeinde. »In Bitte und Fürbitte, Dank und Anbetung.«
Auch die Gebetsnot vieler Christen wird angesprochen und in praktischen Hilfen besprochen. Beten ist das Atmen des geistlichen Menschen.

Alltag – beherrschen oder beherrscht werden?
80 Seiten, Bestell-Nr. 058021

Fast jeder hat heute die gleichen Probleme: Streß, Überforderung, unbefriedigende Gewichtungen zwischen Erfolg/ Beruf und Familie/Freizeit/Gemeinde-Aktivitäten. Hier ist es eine Hilfe, mit Heiko Krimmer nachzudenken, wie das zu sehen ist, um systematisch verändern zu können. Die vier Kapitel dieses Buches sind überschrieben: Erfolg im Beruf, Der überforderte Mensch, Seelsorge im Alltag, Der Mensch als Schöpfer – Auftrag und Grenzen.

Lutz Martin (Hrsg.)
Kleine Begebenheiten – Ein bunter Blumenstrauß
104 Seiten, Bestell-Nr. 77645

»Kaum einer, der nicht schon abbiegen wollte, fort von mancherlei Mißerfolgen seiner Lebensjahre und seines Alltags.« Die Verfasser erzählen, wie es Gott gelang, in ihrem Leben – wieder – einzugreifen. Ob es auch nur scheinbar »kleine Begebenheiten« waren, Gott machte Großes daraus. Ihm gelang es, Freude in den grauen Alltag und festgefügte Strukturen gestandener Leute zurückzubringen. Diesem Buch gelingt es, auf sehr praktische und anschauliche Weise Glauben zu bringen. Lesenswert nicht nur an Abenden mit schlechtem Fernsehprogramm. Auch ein schnelles Geschenk für einen guten Freund oder Weggefährten.

Maria-Luise Krupka (Hrsg.)
Ich erzähle dir
Erlebnisse, Erfahrungen und Betrachtungen
176 Seiten, Bestell-Nr. 57192

»Ernst Krupka ist einer dieser Väter in Christus, Original der Gnade, zeit seines Lebens Evangelist, einer dieser Hundertjährigen. Weil Gottes Schirm keine Löcher hat, ist dieses Buch ein faszinierendes Zeugnis, wie Gott den erreicht und anspricht, der ihn noch nie richtig erleben und kennen durfte. Krupka ermutigt gerade den nicht frommen Leser, Gott in seinem Leben wirken zu lassen. Nicht umsonst ist Gnade umsonst, aber sie muß wirken können.«
Ein Lese- und Lebensstoff für jeden Menschen.

Bitte fragen Sie in Ihrer Buchhandlung nach diesen Büchern!